Centre d'archives du séminaire de Saint-Hyacinthe.
(Fonds Jeanne D'Aigle.)

Joseph Casavant, 1807-1874.

Mathieu-Robert Sauvé

Mathieu-Robert Sauvé est né à Montréal le 19 janvier 1961. Journaliste, il a signé des textes dans une quinzaine de publications québécoises dont *Le Devoir, Voir, Elle Québec, Le 30, Sport Magazine* et *Québec Science.* Depuis 1988, il fait partie de l'équipe de rédaction du journal *Forum,* de l'Université de Montréal.

En 1990, il participait à la rédaction de *Hong Kong 1997. Dans la gueule du Dragon rouge,* à l'issue d'un reportage sur l'avenir de Hong Kong avec une équipe de journalistes de Montréal. Plus récemment, son livre *Le Québec à l'âge ingrat,* sur les défis de la «génération X», a gagné le prix littéraire Desjardins 1994 dans la catégorie «Essai».

Joseph Casavant

La publication de ce livre a été rendue possible
grâce à l'aide financière du Conseil des Arts du Canada,
du ministère des Communications du Canada,
de la direction des études canadiennes
et des projets spéciaux, Patrimoine canadien,
et du ministère de la Culture
et des Communications du Québec.

©

XYZ éditeur
1781, rue Saint-Hubert
Montréal (Québec)
H2L 3Z1
Téléphone : 514.525.21.70
Télécopieur : 514.525.75.37

et

Mathieu-Robert Sauvé

Dépôt légal : 2e trimestre 1995
Bibliothèque nationale du Canada
Bibliothèque nationale du Québec
ISBN 2-89261-127-X

Distribution en librairie :
Socadis
350, boulevard Lebeau
Ville Saint-Laurent (Québec)
H4N 1W6
Téléphone (jour) : 514.331.33.00
Téléphone (soir) : 514.331.31.97
Ligne extérieure : 1.800.361.28.47
Télécopieur : 514.745.32.82
Télex : 05-826568

Conception typographique et montage : Édiscript enr.
Maquette de la couverture : Zirval Design
Illustration de la couverture : Francine Auger
Recherche iconographique : Michèle Vanasse

CASAVANT

Joseph

LES GRANDES FIGURES

LE FACTEUR D'ORGUES ROMANTIQUE

XYZ
éditeur

JEUNESSE

Du même auteur

Hong Kong 1997. Dans la gueule du Dragon rouge
(en collaboration), de Jules Nadeau, Montréal,
Québec/Amérique, 1990.
Le Québec à l'âge ingrat, sept défis pour la relève,
Montréal, Boréal, 1993.

À Manon S...
Artiste du quotidien.

Je tiens à remercier mes lecteurs, Richard Gauthier, Jean-Bernard Faucher, Jean Barbe et Manon Sarrazin, pour leurs judicieux conseils sur la version finale de ce livre. Merci également à la maison Casavant Frères qui m'a reçu avec courtoisie. Toute ma gratitude, enfin, à Laurent Duval, amateur d'orgue, qui m'a communiqué une partie de sa flamme dès les premières heures de ma recherche. J'ai découvert grâce à lui que les amis des orgues sont des gens passionnés, incompris et... en voie de disparition.

Deux facteurs de tuyaux de métal soudent à l'étain les composantes déjà façonnées dans les ateliers Casavant Frères.

1

1824: Douces amours, grandes orgues

Aussitôt sa journée terminée, l'apprenti Joseph Casavant quitte l'atelier de la forgerie Marchessault et se dirige vers le centre de Maska. Son cœur bat de plus en plus fort à mesure qu'il s'approche du parvis de l'église. Il pleut, mais cela n'affecte en rien son humeur. De toute l'ardeur de ses dix-sept ans, il perçoit un frisson nouveau qui lui parcourt le corps.

Arrivé au pied du clocher, le jeune homme déjà costaud, aux sourcils épais et aux cheveux noirs, scrute les environs afin de s'assurer qu'il est bien seul. Puis il entre prestement et grimpe au jubé.

Quiconque a connu les plaisirs de l'amour connaît les misères de l'attente. Or, celle-ci dure depuis une bonne demi-heure, aussi bien dire une éternité. La grande église du village baigne dans un silence humide et froid, et l'impatience gagne le jeune homme. « Où es-tu donc, Héloïse ? » chuchote-t-il. Mais aussitôt, il est pris d'un vertige : la seule idée de la voir apparaître soudain lui fait perdre tous ses moyens. Ses mains sont moites et il a envie de tout laisser tomber.

Puis un son sec se répercute dans l'antre. Une porte s'ouvre au rez-de-chaussée. Joseph prend une grande respiration. « Enfin ! »

Mais le bruit des pas et leur écho ne proviennent pas d'une personne qui monte ; elle se dirige plutôt vers le transept. Et son rythme claudiquant trahit bientôt non pas la jeune fille attendue mais un quidam non identifié. Après avoir allumé quelques cierges autour de l'autel, le visiteur impromptu revient vers l'escalier et entreprend de le gravir.

Joseph, pris au dépourvu, se couche entre deux rangées de bancs et retient son souffle. Les pas s'approchent toujours. Existe-t-il une meilleure cachette ? Il lève la tête et regarde autour de lui. Derrière la console de l'orgue ? Non, c'est trop étroit, il va suffoquer. Entre les bancs ? On le découvrira tout de suite. Il faut trouver autre chose.

Le bruit des pas devient très clair et le jeune homme entend de mieux en mieux la respiration courte d'un vieillard haletant. Dans un élan désespéré, il se précipite entre le mur et la première rangée de bancs, et trouve aussitôt l'idée ridicule, car il s'est engagé dans une impasse. Mais alors que l'étranger est sur le point d'apparaître sous le porche, il aperçoit une petite trappe dans laquelle son corps peut sans doute se glisser. Il s'y engouffre.

Quand il referme sur lui la petite trappe de bois, de nouveaux bruits se font entendre au rez-de-chaussée.

— C'est toi, Narcisse? dit l'homme du jubé, encore essoufflé.

— Ouais.

Le pas du nouveau venu est plus alerte et Joseph croit reconnaître l'organiste du village, Ernest Chaput. C'était donc ça: une messe se prépare et Héloïse l'a su à temps. Elle ne viendra pas.

Les deux hommes échangent quelques mots de circonstance et le plus jeune semble impatient de se mettre au boulot.

«Alors, tu nous gonfles ces poumons? J'ai bien envie de me dégourdir les doigts, moi.»

Joseph entend le vieux s'approcher de sa cachette et s'asseoir sur un petit banc, de l'autre côté du mur. En prenant soin de ne pas faire de bruit, le jeune homme approche son œil d'une fissure et aperçoit son vis-à-vis se retrousser les manches et se frotter les mains avant d'actionner un levier dans un mouvement vertical qui laisse entendre un très léger grincement. Un geste qu'il va répéter et répéter...

Près de Joseph, une plate-forme scellée par des languettes de cuir, semblable à un grand accordéon, se met à bouger et à s'élever au-dessus du plancher. On entend comme un souffle, mêlé au «couic» du levier manipulé par le vieil homme.

Ernest Chaput, que Joseph voit à peine, s'installe à l'orgue, étire les bras au-dessus de lui, se fait craquer les doigts, s'immobilise et inspire profondément. Au moment où il attaque le clavier, le son jaillit de partout autour du jeune homme qui comprend aussitôt où il a trouvé refuge.

«Diable, pense-t-il, je me suis caché dans l'orgue.»

La surprise fait bientôt place à la stupéfaction. Le son produit par l'organiste jaillit des centaines de tuyaux alignés dans un ordre savant autour de lui. Certains sont minces comme un doigt, d'autres ont le diamètre d'un sabot de cheval. Des notes graves à la sonorité plus ample sont produites par des tuyaux de bois, carrés, disposés en rangées le long des murs latéraux. Ces tuyaux correspondent au pédalier de l'organiste. La manivelle actionnée par le vieil homme n'est autre que la pompe pour le soufflet qui distribue l'air dans cette étonnante machine.

Casavant observe le savant principe mécanique reliant le clavier de l'organiste à l'ensemble des tuyaux. Il est d'une précision étonnante. Chaque touche actionnée par l'organiste est reliée à un fil de fer qui libère une soupape sous le tuyau. C'est ce qui produit le son. «Comme si des centaines de flûtes de toutes les tailles jouaient ensemble... On dirait un orchestre entier», se dit-il.

Le silence emplit de nouveau la nef. Dans la salle, une faible rumeur monte, entrecoupée de quelques reniflements. Puis la messe commence. Ce sont des funérailles. Luttant contre l'engourdissement qui le gagne, Casavant reste immobile derrière sa petite trappe durant toute la cérémonie. La musique d'orgue jouée par Ernest Chaput n'a jamais semblé si vivante au jeune artisan. Rien d'une atmosphère de requiem. Assis au milieu des tuyaux, il a l'impression d'être entré dans l'âme même de la musique. Jamais plus, il n'écoutera un orgue de la même façon.

Il en vient presque à oublier ce qu'il était venu faire dans l'église...

«Tiens-lui mieux les pattes, fils.»

Le commentaire est lancé avec une voix grave et sur un ton sec. Joseph se ressaisit et reprend les pattes arrière du cochon. Celui-ci hurle au désespoir et se débat comme un diable dans l'eau bénite; sans doute voit-il sa fin venir.

Dominique Casavant, boucher de son état, tient boutique sur la rue Salvaigne. C'est un grand et gros homme aux cheveux rares et raides comme des fils de fer. Ses petits yeux noirs et son nez épaté lui donnent un air sévère. Il n'entend pas à rire quand il s'agit de faire boucherie. Habituellement il se débrouille seul, mais le porc, ce jour-là, est gras et fort. Joseph n'est pas le préféré du paternel dans ses ouvrages professionnels; toutefois, en l'absence de ses deux frères, il est le seul à pouvoir lui prêter main-forte.

D'une main, le boucher agrippe les jarrets avant de l'animal et le fait basculer sur le côté. Alors que Joseph peine de toutes ses forces pour retenir l'arrière-train de la bête, dont les pattes fendent l'air dangereusement et menacent ses rotules, son père parvient d'une seule main à en faire autant.

Quand le cochon cesse un instant de bouger, le père Casavant empoigne le couteau attaché à sa ceinture et, d'un geste vif, lui tranche la gorge d'un coup de lame. Un cri rauque et strident se fait entendre et le souffle de l'animal devient plus fort, comme si celui-ci cherchait de l'air, et diminue ensuite avant de s'éteindre complètement. De la plaie béante au milieu du cou, le sang gicle sporadiquement vers un contenant de porcelaine placé là par le boucher. Il y plonge la main en remuant pour éviter la coagulation. «On va souper au boudin frais», se dit-il en se parlant à lui-même.

Une fois l'opération terminée, les deux hommes accrochent la carcasse par les tendons des pattes sur un tréteau. En revenant vers la maison, Joseph croise brièvement le regard de son père. Il n'a pas l'air fier de lui. «Il ne me trouve pas vaillant, je le sais, se dit le jeune homme. Je n'ai pas le dixième de sa force.»

Dominique Casavant habite une solide maison de bois et de pierre construite de ses mains sur une petite terre au centre du village. Quand on entre par la porte avant, on pénètre directement dans la cuisine où, sur la gauche, on a aménagé à même le mur un four à pain. L'âtre est tout juste à côté. En face, l'escalier de pin menant à la chambre des filles est à pic comme une échelle. Sur le grand mur d'en face est accroché un crucifix grossièrement taillé dans un nœud de bouleau, œuvre d'un lointain cousin de Dominique. Une branche de rameau séchée, accrochée entre un bras du Christ et ses pieds, a été oubliée là depuis le printemps précédent — une négligeance inconcevable du vivant de Marie-Ange. La femme de Dominique est décédée peu après la naissance du dernier de ses cinq enfants.

De sa mère, Joseph conserve peu de souvenirs, mais tous sont agréables. Quand il est triste, il repense à elle; il la revoit flegmatique devant les foudres de son mari, continuant sa besogne pendant qu'il tempête. Il revoit ses longs cheveux châtains, sa poitrine généreuse et ses grands yeux marron au regard apaisant. Il se revoit enfant, dans ses bras, quand elle s'accordait un quart d'heure de berceuse après le dîner.

C'est Marie, la plus vieille, qui assume le rôle maternel depuis la mort de Marie-Ange Casavant. Physiquement, elle lui ressemble un peu car elle a la même taille large, les même seins pesants et la même chevelure épaisse, quoique plus foncée. Si son regard est un peu plus sévère que celui de sa mère, il est toujours attendrissant pour Joseph.

Installés à table, le père et le fils n'échangent pas un mot pendant que le reste de la famille s'anime autour d'eux. Joseph observe son père à la dérobée. C'est un homme autoritaire et déterminé qui est parti de loin pour devenir ce qu'il est aujourd'hui. Marie, sa sœur, est la seule à pouvoir lui tenir tête car il impose le respect à tous les autres membres de la famille.

— Fils, dit-il. On me dit que ton travail à la forge manque de constance. Que se passe-t-il?

— Mais... rien, répond Joseph, surpris. Je suis étonné d'entendre ça. Je viens même de terminer un soc pour Amédée Duval. Un outil solide, qui creusera dans la terre des sillons profonds comme des traces d'orignal. M. Marchessault était satisfait. Il me l'a encore dit aujourd'hui.

— Je parle de ton rythme de travail. Tu me sembles paresseux. L'horloge marquait près de cinq heures ce matin quand je suis allé chez Marchessault et tu n'y étais pas encore. Ton patron m'a dit que tu es un bon apprenti dans l'ensemble, mais que tes réveils s'étirent. C'est une chance que Marchessault t'ait pris dans la forge, ne l'oublie pas.

Après le repas, court et sans cérémonie, les femmes desservent la table et s'apprêtent à faire la vaisselle. Joseph se sent trahi. Son père l'épie et son patron le dénonce. « Je ne suis pas à la veille de faire ma prochaine visite de courtoisie », grogne-t-il en sortant de la maison paternelle. Mais alors qu'il s'éloigne, il entend une voix derrière lui : « Joseph ! » C'est Marie. Elle vient vers lui.

— On ne part pas sans au moins embrasser sa sœur, dit-elle en lui glissant un pot de confiture aux bleuets dans la poche. Tiens, mon homme. Gâte-toi. Et surtout, n'en donne à personne.

Ce geste ramène un sourire sur le visage du jeune homme. Il reprend sa marche d'un pas plus alerte.

Maska est un village modeste au milieu de la plaine du Saint-Laurent où vivent un peu plus de deux mille personnes. Autour de l'église du village, sur la rue principale, on trouve les commerces des maçons, des cordonniers, des boulangers, des tonnelliers et des menuisiers. Un peu plus loin, on aperçoit les maisons des cultivateurs et leurs granges. Plusieurs bâtiments longent la rivière Yamaska qui traverse le village d'est en ouest.

Pour atteindre le hameau voisin, quatre milles plus loin, il faut emprunter un sentier pittoresque d'où l'on peut voir les Rapides-Plats, ainsi nommés à cause du nombre d'affluents de la rivière à cet endroit et de sa faible profondeur. C'est là que des hérons paresseux guettent tout l'été les batraciens du haut de leurs échasses. On voit aussi quelques martins-pêcheurs voler nerveusement d'une rive à l'autre en lançant leur cri strident.

Près des Rapides-Plats, le premier seigneur du lieu, Hyacinthe Delorme, a fait bâtir maison en 1748. Autour de celle-ci se sont ajoutés une cinquantaine d'habitations solides, une grande église au croisement du chemin du Roy et de la rue Sainte-Anne, un magasin général et quelques commerces.

Le forgeron Thomas Marchessault, lui, a pignon sur rue un peu au sud du village. Une bonne demi-heure à pied de la rue Salvaigne. Depuis qu'il a embauché son nouvel apprenti, Marchessault a divisé son atelier en deux. Le maître fait les gros travaux et Joseph s'occupe des plus petites besognes : confection des fers à cheval et des structures métalliques servant à la construction de murs, réparation d'instruments agricoles, etc. Un travail ingrat et répétitif, mais qui permet à Casavant de se familiariser avec la manipulation du métal.

Le métier de forgeron, de l'avis du père Casavant, permet à son homme d'envisager un avenir confortable. Mais pour le principal intéressé, il est plutôt le résultat d'un processus d'élimination. Après tout, le travail de la terre ne l'inspire pas outre mesure; tous ses proches l'ont constaté. Il en va ainsi également de la vie en forêt. Quant au commerce, il ne veut pas en entendre parler; un esprit distrait et rêveur le tient à distance de la gestion des biens.

Par ailleurs, depuis sa tendre enfance, Joseph aime bien manipuler les outils. La possibilité de façonner le métal lui a donc semblé être un honorable compromis. Le forgeron ne risque jamais de manquer de travail (il y aura toujours des chevaux), et peut mettre à profit ses talents d'inventeur et travailler à son rythme.

Le contrat de travail a débuté le 3 juin 1823 et prendra fin dans trois ans. Logé et nourri, l'apprenti touche un salaire de 11 $ par année. Pour l'adolescent, c'est une nouvelle vie qui commence. Empreinte de liberté, certes, mais aussi d'angoisse. C'est une chose de quitter le foyer paternel où chaque geste est jugé, soumis à l'autorité; c'en est une autre de voler de ses propres ailes.

Thomas Marchessault, un homme honnête et respecté dans le village, trouve son apprenti un peu taciturne. C'est vrai: Joseph Casavant ne parle pas beaucoup. Par contre, il est consciencieux. Peu de ses ouvrages, en tout cas, ont besoin d'être retouchés. Le forgeron en est d'autant plus soulagé qu'il n'était pas convaincu d'avoir fait le meilleur choix.

La tournure des événements lui donne raison. Voilà un bon ouvrier.

Il faut longer le marché pour arriver à la résidence de Jean Dessaulles, une grande maison où le seigneur vit avec sa femme, Marie Rosalie — sœur du célèbre tribun Louis-Joseph Papineau —, et leurs deux enfants. Louis-Antoine, l'aîné, a six ans et Rosalie Eugénie, deux ans. Autour d'eux gravitent cochers, jardiniers, cuisinières, couturière et femme de chambre.

La seigneurie Dessaulles englobait autrefois presque toute la région de Maska. Mais à mesure que les mariages ont été célébrés, le seigneur a concédé une partie de ses terres aux nouvelles familles.

Les Dessaulles sont de bons vivants. Ils aiment recevoir et faire la fête ; rarement une fin de semaine s'écoule sans qu'un cousin, une tante ou un neveu vienne rendre visite au couple. Ce sont également de grands amateurs d'art. Le portraitiste et musicien d'origine française Louis Dulongpré figure parmi les habitués du manoir. Dulongpré est un spécialiste du théâtre français ; avec lui les soirées sont animées.

En revanche, les gens du peuple ne pénètrent pas souvent dans le manoir seigneurial de Maska. C'est pourquoi Joseph Casavant le regarde de loin et se contente d'imaginer ce qui se déroule derrière le portail, quand on fait appel à ses services.

Or, un beau matin, il est en train de ferrer des chevaux chez les Dessaulles quand arrive une livraison spéciale en provenance de Montréal. La voiture de grande dimension tirée par quatre chevaux, que Joseph voit se pointer dans un nuage de poussière, vient s'immobiliser devant l'entrée principale. Pendant que les chevaux renâclent, un grand homme aux cheveux gris ouvre la portière et met le pied à terre. Joseph retourne à sa besogne, mais tend l'oreille discrètement. De la conversation s'échappe le mot «piano»...

Peu après, le cocher s'approche des écuries et aborde le forgeron.

— Hé, mon brave! Nous manquons de bons bras pour transporter notre marchandise. Nous vous serions gré d'accepter de nous aider.

Joseph accepte. Quel est donc l'objet de tout ce branle-bas?

Il s'agit bien d'un «piano carré», imposant meuble en bois massif, œuvre du facteur Frederick Hund, de Québec. C'est l'associé de ce premier constructeur de pianos canadien connu, un autre Allemand d'origine, Gottlieb Siebold, qui s'est chargé du transport. Le grand homme aux cheveux gris est ausssi accordeur et graveur de musique.

Les hommes chargés du transport peinent un bon moment quand vient le temps de passer la porte d'entrée avec l'imposant objet, mais l'opération est terminée en moins d'une heure. Le piano est installé dans le salon.

Dans le va-et-vient, personne ne s'occupe de Joseph. Il se permet de s'attarder dans la maison. Jamais il n'a vu une demeure si finement décorée : des tableaux ornent les murs, des moulures de bois sculpté décorent les plafonds, et de somptueuses lampes sont déposées sur des napperons brodés. Mais le forgeron est surtout intrigué par l'instrument de musique qu'il vient de déplacer et dont il n'a pas encore entendu le son.

— Bon, dit Gottlieb Siebold, la tête dans le mécanisme. Quand vous ajustez les notes de basses, vous serrez les clés correspondantes en évitant soigneusement de donner des coups secs... Jeune homme, est-ce que vous m'écoutez ?

Joseph regarde à gauche et à droite. Il constate que l'homme à l'accent allemand s'adresse à lui ; l'accordeur le prend donc pour un employé de la maison. Il s'approche et fait signe qu'il a bien compris.

— Alors, vous serrez de cette façon, reprend l'accordeur en imitant le geste. Vous saisissez la différence de son ?

En 1824, les pianos sont rares à l'extérieur de Montréal. L'accordeur est l'un des seuls pour tout le territoire du Bas-Canada. Il est trop demandé pour revenir tous les deux mois à Maska, un voyage d'une journée à dos de cheval. Il préfère donc montrer à quelqu'un, sur place, comment procéder aux réparations mineures plutôt que d'être appelé à se déplacer sans cesse.

Joseph, à moitié intimidé, à moitié intéressé, joue le jeu. Ainsi assiste-t-il à une leçon rudimentaire sur la façon d'accorder un piano.

Il faut dire que cet art exige autant de précision auditive que de dextérité. Et Joseph a une excellente oreille musicale, même s'il ne l'a pas encore exploitée. Il n'a aucun mal à saisir la base du métier. Ce passe-temps lui permettra d'accéder périodiquement, comme un noble, à la maison du seigneur Dessaulles.

Quand Joseph s'approche du manoir, sur les trottoirs de bois, il bombe le torse et relève la tête. «Et pourquoi je ne serais pas un prince?» pense-t-il en riant.

On le fait appeler rapidement pour mettre à profit ses nouvelles connaissances. Un des marteaux du mécanisme s'est coincé entre deux cordes, sans doute une défectuosité due au tangage de la diligence.

En pénétrant dans la pièce où se trouve le piano, escorté par un domestique, Joseph aperçoit au salon, tournée vers la fenêtre, une silhouette qu'il n'a jamais vue. Une jeune fille tenant un chat dans ses bras se retourne et aperçoit Joseph. Il baisse les yeux et entend le chat sauter par terre. Comme accordeur, la demoiselle s'attendait à voir arriver un sexagénaire, non un garçon dans la force de l'âge. Intimidée, elle hoche la tête discrètement et file au premier étage.

Héloïse Gagnon est une nièce de Rosalie Papineau. Enfant unique, elle est devenue orpheline de mère à l'adolescence. C'était en 1823. Son père, un commerçant dont les affaires n'allaient pas fort, a fait appel à la famille Dessaulles pour s'occuper de sa fille. «Prenez-la le temps que je me remette sur pied», leur a-t-il dit aux funérailles de sa femme. La petite avait alors quinze ans. Mais près de deux ans plus tard, son père n'a pas encore réussi à relancer son commerce et Héloïse habite toujours chez son oncle.

À la seigneurie, à part les deux enfants dont s'occupent les domestiques, Héloïse est entourée d'adultes. Comme on lui interdit de fréquenter les enfants qui ne sont pas de son rang, elle se retrouve presque toujours seule. La lecture occupe la majeure partie de son temps; heureusement, la biliothèque de la maison est bien garnie. L'arrivée du piano lui procure de nouveaux loisirs. Elle en joue avec passion.

De temps à autre, Héloïse voit ce jeune homme aux yeux clairs qui vient accorder le piano. Elle se charge de lui signaler les petits défauts de l'instrument et lui indique les anomalies techniques.

Un matin où il se présente tout sourire et se met au travail, elle remarque son cou large, ses épaules droites et, surtout, ses mains. Ce sont de courtes mains d'homme de la terre, épaisses, un peu calleuses et aux ongles noircis. Mais ce sont des mains vives et adroites. L'une empoigne une clef tandis que l'autre appuie sur une touche d'ivoire. Elles semblent danser entre le mécanisme du piano, la boîte à outils et le clavier. Héloïse est troublée.

Et c'est ainsi que les visites de l'accordeur en herbe se multiplient sous le regard attentif de la jeune fille. Joseph, au début, ne remarque pas qu'il est observé. S'il paraît à son aise dans son rôle d'accordeur, il sait très bien, lui, qu'il n'y connaît pas grand-chose. Il a besoin de toute sa concentration pour se remémorer les quelques conseils reçus de l'accordeur de passage. Il doit avoir les gestes sûrs.

Même si les séances se sont rapprochées, il s'écoule toujours quelques semaines entre les invitations au manoir seigneurial. Le jeune homme profite de ces périodes pour s'informer davantage sur la musique. Il se rend au collège du village où on le laisse fureter dans la bibliothèque. Joseph a appris à lire quand il était enfant, sur les genoux de sa mère. Sa sœur Marie, qui a fréquenté le couvent, a achevé son éducation.

À mesure qu'il l'explore, Joseph est passionné par le monde de la musique. Entre l'atelier Marchessault, les écuries seigneuriales, la bibliothèque du collège et le salon des Dessaulles, il trouve le temps de fabriquer un petit violon. Il ne sait pas en jouer mais il veut apprendre. Pour ses voisins, c'est l'enfer et on remercie le ciel quand Joseph remise son violon, trois mois après avoir commencé à manier l'archet.

Évidemment, ce n'est pas lui qui décide quand le piano de la seigneurie doit être accordé. Cela se fait de façon plutôt expéditive. Un messager de la famille vient l'avertir qu'on le réclame sur-le-champ. À peine lui laisse-t-on le temps de se changer.

— Il me semble que le troisième *mi* n'est pas juste, monsieur Casavant, dit la jeune pianiste à son arrivée. Ou alors c'est une note qui ne répond plus.

Dans la famille Dessaulles, on vante les progrès musicaux de la pupille, mais on s'interroge sur la qualité de l'instrument, pourtant acheté à bon prix. Cependant, quand on propose à la petite d'en acheter un meilleur, susceptible de se désaccorder moins souvent, elle refuse avec énergie.

Joseph a, bien sûr, remarqué les courbes de la jolie Héloïse qui file vers ses dix-sept ans. Il aime bien quand elle se place derrière lui et approche son visage de son épaule pour le regarder travailler. Il se délecte alors de son odeur délicate et se laisse distraire par son souffle court.

Héloïse a de très longs cheveux, une petite bouche droite et un nez fin et retroussé. Souvent, elle est vêtue d'une robe de dentelle bleue et blanche, et porte au cou un petit crucifix d'argent. Ses yeux foncés lui donnent parfois des allures de jeune fille sérieuse, grave même, mais c'est une impression trompeuse. Héloïse est un peu sauvage : quand le salon se remplit d'invités, elle file en douce dans sa chambre. Elle adore rêvasser, accoudée à sa fenêtre.

Parfois, quand elle se tient près de Joseph, une petite mèche de cheveux bouclés s'échappe de sa coiffure et lui frôle l'oreille en tombant. Elle la reprend sans hâte d'un doigt et la repousse vers l'arrière avec un léger mouvement de nuque. Elle semble s'intéresser au travail de Joseph, mais d'une façon étrange. Parfois elle pose une question et détourne le regard quand il lui répond, comme si cela ne l'intéressait plus.

— Et vous, vous aimez la musique ? demande Joseph un matin.

— Bien sûr. Surtout Mozart. Je jouerai pour vous, peut-être, un jour, répond-elle en le regardant dans les yeux.

∽

Joseph aime bien aller marcher sur les bords de la Yamaska. Il passe parfois plusieurs heures à regarder les arbres bouger avec le vent, les nuages changer de forme. Parfois, il pêche à la ligne mais n'insiste guère si les poissons ne mordent pas. Il recherche surtout le calme.

Un dimanche d'été, au cours d'une de ces méditations, il songe au jour où il construira sa maison sur une terre, quelque part autour de Maska. Ce sera une grande maison de bois... non, de brique. C'est plus solide. Elle aura deux lucarnes et un toit de bardeaux... « Rien de cela ne sera possible si je ne me décide pas à aller demander une terre au seigneur, réfléchit-il. C'est le moment de foncer. Après tout, le contexte est favorable. J'ai un bon métier en vue, je suis autonome, je vais me marier un jour... »

À cette pensée, lui apparaît immédiatement le visage d'Héloïse. Malgré lui, son esprit est de plus en plus occupé par le sourire, la voix de la jeune fille. Il sait qu'il ne doit pas se laisser ainsi envahir, mais c'est plus fort que lui. Plus il la chasse de sa tête, plus elle revient en force. Elle fait même des apparitions dans ses songes.

Dans ses élans les plus fous, il s'imagine avançant vers l'autel dans l'église de Maska avec Héloïse à son bras, toute de blanc vêtue. Au premier rang, toute la famille est réunie ; son père, fier de lui, sa sœur Marie, qui lui fait un clin d'œil, et tous les autres. Puis il émerge de ces rêveries, en sueur et furieux contre lui-même. « Ce n'est pas possible, dit-il en soupirant. Une princesse n'épousera jamais un forgeron. »

Mais la nature est plus forte que la raison, et tous les prétextes sont bons pour passer près du manoir. Son dernier truc : il fait mine d'attacher ses chaussures délacées. Tandis qu'il s'accroupit près d'une fenêtre, il ferme les yeux et essaie d'imaginer Héloïse à son piano, de l'autre côté du mur. À l'occasion, il entend même les mélodies qui lui arrivent par bribes comme des petits bouquets de musique.

Un jour où il pratique ce rituel étrange, il a le souffle coupé quand, en se relevant, il aperçoit la jeune fille devant lui, qui le regarde fixement.

— Au rythme où vous vous déchaussez, vous devriez vous procurer des sabots, monsieur Casavant, dit-elle avant de tourner les talons, satisfaite.

« *Pater noster, qui es in cælis...* » La messe se poursuit dans l'église remplie à capacité. Au fond, Héloïse essaie de prier mais la tête n'y est pas. Elle repense à la conduite de son cousin Zotique durant le repas de la veille. Ce grossier personnage au rire strident et excessif l'a tourmentée toute la soirée, cherchant constamment son regard. De son côté, elle s'évertuait à l'éviter. Mais les autres personnes à table la taquinaient, pensant qu'elle jouait la courtisane et cela l'enrageait. «Je l'aime bien pourtant, a-t-elle écrit dans son journal intime, ce soir-là. Il est drôle. C'est un bouffon sympathique. Mais, bonté, cette façon qu'il a de me dévisager! On dirait qu'il me prend pour une pouliche qu'il songe à acheter.»

Puis un sourire lui vient aux lèvres. Le petit forgeron lui a offert des fleurs la dernière fois qu'il est venu accorder le piano. Elle revoit la scène. Il a attendu d'être seul avec elle dans la pièce pour ouvrir son coffre à outils. Et au milieu des marteaux, des serres et des équerres, un petit bouquet s'était glissé. D'un geste maladroit, il le lui a tendu sans dire un mot. «Je pense a vous», était-il écrit sur une petite écorce de bouleau attachée à une fleur.

— Monsieur Casavant. Je...

Surprise, la jeune fille voulut monter dans sa chambre pour cacher sa timidité, mais resta figée sur place.

— Vous avez fait une faute: votre «a» prend un accent grave.

«Bonté! Que j'ai été stupide», se dit Héloïse. Mais elle est tirée de sa torpeur par la tante Rosalie qui la secoue légèrement du coude.

— Allons, levez-vous! Nous en sommes à la lecture.

Héloïse aime bien l'aspect cérémonial des messes quand le curé bénit les objets, se recueille en silence et chante en latin. Elle aime bien aussi regarder les volutes d'encens qui montent jusqu'au plafond à arches où on a peint des scènes religieuses en bleu et doré.

Et quand elle a des mauvaises pensées, elle va au confessionnal, d'où elle ressort soulagée, comme purifiée après avoir reçu l'absolution.

«Tiens, se dit-elle. Ce serait une bonne idée de me confesser. Et puis, tante Rosalie cesserait de me regarder avec cet air sévère.»

Mais au moment d'entrer dans le petit cubicule, où le curé ouvrira bientôt la petite trappe, elle ignore encore à quel péché elle a succombé. Elle n'a pas cassé de vaisselle ni volé de sous, elle a bien appris ses leçons; tout au plus a-t-elle été légèrement impolie avec sa tante.

Le prêtre la prend de vitesse.

— Alors, mon enfant, quels péchés avez-vous commis?

— Eh bien, mon père, j'ai peut-être été impatiente avec tante Rosalie.

— Et vos amis, vous les aimez, mon enfant?

— Oui, bien sûr.

— Y en a-t-il que vous aimez plus que d'autres?

Héloïse est embêtée. C'est une drôle de question. Mais elle se trouve une issue qui lui évite de répondre.

— Vous savez, mon père, à cause de ma condition, je ne fréquente pas les gens du village. Je n'ai donc pas vraiment d'amies de mon âge.

— Vos cousines ? Vous les aimez, vos cousines ?

— Oui, je les aime toutes également. Enfin, je crois... Pour tout vous dire, j'aime peut-être un peu moins Angélique. Elle a un mauvais sourire. Et parfois elle me traite comme une enfant, simplement parce qu'elle a deux ans de plus que moi.

— Et y a-t-il un garçon ?

— ...

— Répondez, lance-t-il sévèrement en faisant rouler les *r*. Y a-t-il un jeune homme ?

— Oui, je m'en confesse. Mais il n'y a rien de mal à ça, n'est-ce pas ?

— Pensez vous à lui souvent ?

— J... Jour et nuit, mon père.

Il a bien fallu avouer, se dit Héloïse ce soir-là. Elle est décontenancée. Livrer ainsi son intimité l'a anéantie. De quel droit ce vieux bougre peut-il venir labourer le jardin de son cœur ? Un endroit où elle-même s'aventure rarement — et uniquement sur la pointe des pieds... Quelle impertinence !

La voix grave et impérative du curé résonne encore dans sa tête : il faudra à l'avenir « éviter les occasions de le rencontrer seule », « ne pas l'encourager à être tendre envers vous », « prendre avec lui un air détaché » et enfin, surtout, « ne pas le regarder en face » !

☙

Peu après cet épisode, Joseph se présente au manoir Dessaulles pour accorder le piano. Mais Héloïse n'est pas là pour l'accueillir; elle ne vient même pas le retrouver durant la séance où il ajuste le mécanisme de l'instrument. C'était pourtant devenu habituel. Pendant une heure au moins, chaque fois qu'il entend du bruit du côté de l'entrée, son cœur bat très fort et il lance un coup d'œil furtif dans cette direction, espérant voir arriver la jeune fille. Mais à tout coup, c'est un domestique, un visiteur ou un membre de la famille qui passe sans se douter qu'il noue un peu plus les entrailles d'un jeune homme au salon. La séance se termine sans aucune nouvelle de la jeune fille.

Quelques jours plus tard, n'y tenant plus, Joseph se pare de ses plus beaux atours et va frapper au manoir. «Bon, répète-t-il en chemin, je demande à rencontrer le seigneur, puis on me conduit au salon. De là, en attendant, me tenant bien droit, je m'informe auprès des domestiques de l'état du piano et, l'air de rien, d'Héloïse. Si M. Dessaulles apparaît, je lui serre la main et je me présente. Puis je lui explique le succès de mon travail et je lui demande officiellement de me concéder une terre. »

Au moment de frapper à la porte d'entrée, le jeune homme entend le son du piano venant du salon et reconnaît une pièce de Mozart jouée par la jeune musicienne. Dérouté, il décide de revenir chez lui pour imaginer un autre scénario quand la porte s'ouvre toute grande et laisse apparaître Jean Dessaulles, coiffé d'un élégant haut-de-forme.

— Tiens, dit-il, notre accordeur. Mais vous n'êtes pas vêtu comme à l'accoutumée! Qu'est-ce qui vous amène?

Surpris et déconcentré, Joseph est incapable d'expliquer simplement la raison de sa visite et se perd dans un flux de mots incompréhensibles. Il parle de l'urgence, pour un homme de son âge, de s'établir, de la valeur de la profession de forgeron et du respect qu'il porte depuis toujours à la famille Dessaulles. Tout cela se passe dans le hall d'entrée.

— Nous verrons cela, répond simplement le noble.

À ce moment, Joseph aperçoit Héloïse passer derrière son interlocuteur. Il l'apostrophe d'une façon si brusque que le seigneur même sursaute.

— Madame Héloïse. Je vous croyais malade.

Elle s'arrête net et regarde le jeune homme, puis son oncle. Elle baisse les yeux et continue son chemin.

Une semaine plus tard, un messager arrive à l'atelier de Thomas Marchessault pour porter une petite enveloppe cachetée de cire, destinée à Joseph Casavant. Il l'ouvre en contenant mal son énervement.

Monsieur Casavant

Chaque note du piano que vous accordiez me brisait le cœur mais je ne pouvais venir vous voir. J'étais prisonnière de ma chambre car si on me revoit avec vous je suis renvoyée chez mon père.

Mon confesseur me défend de risquer ma pureté en fréquentant des garçons. Mais je suis si seule et je m'ennuie tant depuis que je ne vous vois plus.

Je n'en peux plus. Je veux vous voir seule, je vais vous regarder en face et ça sera tendre, je le crains.

Rendez-vous au jubé de l'église, à six heures du soir, mardi.

Héloïse

Le destin de Joseph Casavant est mal parti : au lieu de trouver l'amour dans le jubé, il tombe en pleines funérailles et entend un requiem.

Mais il découvre aussi le son d'un orgue.

Le curé Charles-Joseph Ducharme, fondateur du séminaire de Sainte-Thérèse, avec qui Joseph Casavant étudia la musique.

2

1834 : Les délices de la liberté

Le moment de monter en chaire est toujours, pour Charles-Joseph Ducharme, un instant précieux. Dans l'esprit du curé de Sainte-Thérèse-de-Blainville, il y a, d'un côté, les œuvres de Dieu consacrées à la gloire céleste — un rituel bien connu, presque mécanique — et, de l'autre, les œuvres des hommes ; de ceci, il fait son affaire. C'est son spectacle à lui, son moment de gloire. Rien ne lui plaît autant que ce sentiment de posséder le silence, cet instant où il regarde ses ouailles du haut de sa tribune en sachant que leur attention lui est tout entière consacrée. Dans les yeux des fidèles levés vers lui alternent, au rythme de ses paroles, l'espoir, le trouble, la culpabilité, la torpeur, et il aime ça.

On le lui rend bien, d'ailleurs, puisqu'on dit avec amusement que ce qui attire le plus de gens à l'église, après Dieu, c'est le curé Ducharme. À la paroisse de Saint-Laurent, où il a été vicaire, un homme lui a confié qu'il aurait bien donné sa paire de bœufs pour garder un « si bon prêcheur ».

— Mes bien chers frères, commence-t-il sans se soucier du grand nombre de femmes qui se tiennent devant lui. Les récoltes sont mauvaises dans nos champs. Et les Canadiens qui ont choisi d'habiter les villes sont pauvres. En plus, nous venons de subir deux épidémies de choléra qui nous ont fauché des enfants innocents, de vaillants hommes et des femmes fidèles. Et le destin profite de ces épreuves pour enfoncer le clou...

Il fait une pause, ramène ses bras lancés au ciel, et ferme les yeux, comme pour ménager son effet et savourer en même temps, sous des airs solennels, le plaisir qu'il prend à prêcher.

— Il y en a qui déploient des efforts incroyables pour combattre la foi en ces temps orageux. Et le pire moyen qu'ont trouvé ces ennemis du bien est de répandre leurs tribulations au moyen de l'imprimé. Je vous mets en garde, mes bien chers frères. Nous avons eu vent d'une Société de missionnaires pour la conversion des Canadiens français qui répand un déluge de bibles apocryphes et de petits livres empoisonnés. Méfiez-vous si on se présente à votre porte avec une telle propagande.

« Croyez-moi, jamais le livre n'est innocent. Habité par le mal, il nourrit de faux plaisirs. Et si l'Église cherche à vous préserver d'ouvrages qui ne respirent pas la morale la plus pure, certains échappent encore à ses filets. La plaie des mauvais livres est cruelle. La littérature est le plus récent moyen employé par le Malin pour perdre les âmes. Il emprunte les plumes de William Shakespeare, de Jean-Jacques Rousseau et du pire de tous : Voltaire. Il appartient à la sainte Église, et particulièrement à ses représentants, les curés, d'élever la voix pour inspirer une vive horreur des mauvais livres à son peuple. Jamais, jamais ne devrait-on en posséder chez soi. Lire, certes, n'est pas péché, mais il faut choisir soigneusement ses lectures. Saint Augustin, saint Thomas d'Aquin, saint François de Sales, Pascal, Bossuet sont des auteurs nobles, dignes d'être lus par de bons chrétiens… »

L'homélie dure un bon quart d'heure. Après quoi le prêtre revient vers l'autel et poursuit la cérémonie d'un air grave.

Le curé Ducharme, un gaillard bien en chair, aux pommettes saillantes et au double menton, s'attarde parfois sur le portail de son temple afin de connaître les dernières nouvelles de ses paroissiens, après la grand-messe. La dizaine de personnes qui discutent sur le parvis ce matin-là s'échangent des politesses. Au même moment, le curé Ducharme pense que depuis son arrivée dans cette ville, en 1825, les choses ont drôlement changé. On disait alors que Sainte-Thérèse-de-Blainville était la paroisse la plus pauvre du Bas-Canada. Un qualificatif qu'on n'entend plus maintenant, même si les Thérésiens ne sont pas devenus riches pour autant. Au nord du village, c'est encore une immensité montagneuse et sauvage, mais plusieurs commerces ont connu une certaine prospérité. Symbole de cette réussite, l'église du village est terminée et a fort belle allure avec ses deux clochers pointés vers le ciel, au-dessus des maisons.

À la fois craint et respecté par ses paroissiens, ce qui tient sans doute à ses fréquentes et imprévisibles sautes d'humeur, le curé peut être de bon matin fort chaleureux, mais soudainement devenir cynique, insultant ou méprisant, et son interlocuteur est alors complètement désorienté.

En outre, il déteste les femmes. Quelques-uns ont remarqué qu'il ne recherche pas leur compagnie, mais c'est bien pire. Il a écrit à son supérieur ecclésiastique, quand il était jeune prêtre, qu'il espérait jamais « n'admettre, non seulement au service de [s]a maison mais encore à [s]a table, aucune personne du sexe opposé ». Au cours d'une visite de ses frères au presbytère, il s'est arrangé pour enlever à leurs épouses toute envie de revenir...

D'ailleurs, le curé entretient le moins de liens possible avec les membres de sa famille. Ses rares contacts humains, si on exclut les rapports obligés avec ses supérieurs ecclésiastiques, se limitent aux visites des curés des paroisses voisines. Si on l'interroge sur son attitude autarcique, il répond simplement : « Ma seule famille, c'est le collège ! »

Sa cure passe en effet au second rang dans l'échelle de ses priorités. Sa grande œuvre en cours est le « collège jaune », une maisonnette jaunâtre juxtaposée à son presbytère. Là, il souhaite initier aux arts une nouvelle génération de jeunes hommes. Les paroissiens s'en rendent bien compte, car ils le rencontrent très peu hors du cadre des offices religieux. Celui qui frappe à sa porte entend une voix tonitruante de l'autre côté du mur : « Qu'est-ce que c'est ? » Il faut alors résumer de manière claire et précise la raison de sa visite.

Si celle-ci mérite son attention, le curé fait entrer le visiteur mais ne lui offre pas de siège. Il expédie son affaire avec un ou deux conseils et conclut d'un « bonjour ! » sec et répété si l'indésirable est encore là. Le reste du temps, le curé le passe à lire et à étudier la musique.

Le collège jaune a été financé grâce à ses économies et à sa part d'héritage paternel. Durant les

heures de classe, Charles-Joseph Ducharme en-
seigne tout : le français, les mathématiques, le grec,
l'histoire, la géographie, les sciences, le latin, la phi-
losophie, la théologie et la musique.

En cette année 1834 où le collège obtient un
statut officiel de maison d'enseignement, il écrit à
son évêque : « Mon presbytère est comme une arche
de Noé. Des enfants de tous âges, de toutes conditions s'y coudoient tout le jour, avec des séminaristes,
des ouvriers, des professeurs, des serviteurs, ce qui
ne les empêche pas de chanter, d'étudier, de lire et
de tapager du matin jusqu'au soir, selon les occupa-
tions ou les libertés de chacun. »

Charles-Joseph Ducharme est fier de lui et il
n'a pas tout à fait tort, car construire une telle école
dans un village où il n'y avait presque rien relève de
l'exploit. En fait, une seule chose manque à son
bonheur quand il fait le bilan de ses neuf premières
années à Sainte-Thérèse : il n'y a toujours pas
d'orgue dans son église. L'instrument sacré brille
par son silence durant les messes et, pour ce mélo-
mane averti, le rituel ne sera pas complet tant
qu'un organiste ne l'accompagnera pas dans son
acte de foi. Depuis la conclusion d'une transaction
avec un négociant véreux qui a livré une caisse de
tuyaux démantibulés en guise d'orgue, l'espoir
d'entendre à court terme le roi des instruments est
mince.

Un matin, après la messe, une petite dame aux yeux hagards et au dos voûté vient vers le curé Ducharme.

— Bonjour, madame Guyon. Toujours vos rhumatismes, à ce que je vois.

— Bah, ça va un peu mieux depuis que je m'oins de votre huile bénie, répond-elle sans y croire. Mais laissez cela. Voici ce dont je vous ai parlé. Faites-en ce que vous voudrez, dit-elle en lui tendant discrètement un paquet solidement ficelé. Puis elle se retire, soulagée.

Le curé attend que tous soient partis pour rentrer dans son église où il marche d'un pas rapide vers la sacristie. Il retire sa chasuble et revient déposer, directement sur l'autel, le petit colis remis par sa paroissienne. Il sent ses membres tembler légèrement et son cœur battre plus fort. Et si c'était vrai? Si le diable était vraiment dans ce colis? Chaque fois, il se pose la question. Chaque fois, il sourit et savoure avec culpabilité l'angoisse du doute et l'excitation de l'interdit.

Il déchire délicatement le papier d'emballage et le retire. Il dégage un livre. Sur la couverture de cuir est écrit en lettres dorées «*Dictionnaire encyclopédique*». Et un peu plus bas: «Voltaire». Il entreprend la lecture en choisissant une page au hasard.

«On n'a jamais tant aimé la vérité que dans ce temps-ci; il ne reste plus qu'à la trouver.» Cette phrase fait sourire le curé, friand de mots d'esprit. Et, feuilletant le grand livre, il est encore mieux servi par cette maxime: «Quittons les voluptés pour savoir les reprendre. Le travail est souvent le père du plaisir: je plains l'homme accablé du poids de son loisir.»

Et cette autre, étrange et assurément suspecte, mais qui mérite néanmoins méditation: «Si Dieu n'existait pas, il faudrait l'inventer.»

Le prêtre veut refermer le livre mais est habité par le désir de le consulter encore. Il trouve un passage qui le comble d'aise. Les grandes inventions du siècle des Lumières, y écrit Voltaire, sont d'abord et avant tout des inventions des arts: la boussole, l'imprimerie, les lunettes, le baromètre, le thermomètre, la machine pneumatique, même la loi de la gravitation découverte par Newton sont les fruits du génie artistique. Ils sont bien plus nobles que les conquêtes, dont les gouvernements se font des honneurs insatiables.

«Nos vrais héros viennent des arts, se dit Ducharme, non des armes.» Il referme le livre et caresse lentement la couverture de cuir.

Le *Dictionnaire encyclopédique* rejoindra tout à l'heure la cachette secrète du curé Ducharme, l'enfer de Sainte-Thérèse, l'endroit précieux où il dissimule ses plaisirs interdits. On y trouve déjà une collection complète des œuvres de Rousseau, trois livres de Shakespeare, quelques livres de Voltaire et une bonne quantité de partitions musicales.

Oui, le curé Ducharme aime les livres. Surtout les « mauvais ».

∽

En 1834, Joseph Casavant est attendu à Sainte-Thérèse dans la classe du curé Ducharme pour étudier la musique. Laissant derrière lui l'enclume et le marteau, c'est décidé, il deviendra pianiste.

Dans le village de Maska, on trouve un peu bizarre cette idée d'abandonner le convenable métier de forgeron pour un saut dans l'inconnu ; cette histoire devient un sujet de conversation et, dans la rue, on pointe le jeune homme du doigt. Mais la réaction la plus hostile vient de Dominique Casavant. Quand Joseph lui annonce sa décision, il pique une colère noire. Son fils, musicien. Un saltimbanque. Un artiste. Rien ne peut lui causer plus de honte.

— Si tu fais ça, je te déshérite, a-t-il hurlé au plus fort de son ire.

Joseph reste stoïque. Sa décision est irrévocable, même devant les foudres paternelles. Dominique Casavant l'effraie et l'intimide plus que n'importe quel autre être humain, et la tournure des événements l'accable, mais pas question de revenir en arrière. Joseph a la mort dans l'âme durant les jours suivants. Chaque fois qu'il le peut, il s'isole dans la forêt ou au bord de la rivière.

Mais il se fait violence. « C'est la première épreuve sérieuse dans ma vie, je dois me tenir debout », se dit-il. Quand il quitte Maska de bon matin, avec 16 $ en poche, il se dit qu'il n'y reviendra plus jamais. À moins d'être un musicien célèbre et d'être invité de bonne grâce.

Le soleil est à peine levé quand la diligence, qu'on appelle familièrement le *stage-coatch*, fait son arrêt près du pont de bois qui enjambe la Yamaska. Des valises sont attachées sur le toit de la voiture. D'ailleurs, à en juger d'après les ressorts de la suspension compressés au maximum, la diligence semble remplie. Même les quatre sièges de l'extérieur sont occupés.

Au moment où Joseph gravit le marchepied et ouvre la portière, une voix impatiente se fait entendre.

— C'est plein ! Attendez le prochain

Le Maskoutain n'ose pas répondre et s'installe, de peine et de misère, entre deux personnes qui acceptent, à regret, de lui faire une place.

Heureusement, il a peu de bagages et on s'accommode tant bien que mal de sa présence.

— Hue ! crie le cocher.

La voiture s'ébranle, les quatre chevaux reprennent leur trot. Destination : Montréal, dans huit heures.

Joseph quitte Maska sans un regard sur le village. Il ne peut pas savoir qu'une jeune femme l'observe en sanglotant, de l'autre côté de la fenêtre d'une dépendance du manoir seigneurial. Il ignore également que, de bon matin, son père s'est approché du pont pour tenter une dernière fois de le dissuader de partir, mais qu'il a rebroussé chemin au dernier instant en pestant contre le sort. On l'a vu descendre la rue Salvaigne en fouettant l'air de sa canne.

Joseph Casavant a voulu vivre sa vie et abandonne au passé le village où il a grandi.

— Je me présente : François Daudelin.

Le voyage a plutôt mal commencé avec l'accueil glacial des autres passagers, mais après deux heures de route sur un chemin cahoteux, au cours d'une halte, un homme âgé d'une trentaine d'années entame la conversation avec Joseph. Parmi les voyageurs de cette voiture, c'est le seul autre francophone.

D'après la voix, Joseph croit reconnaître celui qui lui a crié d'attendre le prochain convoi quand il a ouvert la portière. Son interlocuteur a une épaisse chevelure foncée qui lui tombe sur la nuque et une cicatrice qui lui traverse le menton. Il est vêtu de l'étoffe du pays. «Probablement un habitant», s'est dit Joseph en l'observant durant le trajet. Mais François Daudelin rectifie:

— Négociant de bois équarri, cher monsieur. Pour vous servir. Vous me pardonnerez d'avoir été peu courtois à votre égard, poursuit-il. Mais, vous savez, les gens comme moi qui passent la moitié de leur vie sur les mauvaises routes du Canada-Uni souhaiteraient parfois un peu plus de confort.

— C'est oublié, répond Joseph. Moi, c'est mon premier voyage.

— Vous voulez dire que vous verrez Montréal pour la première fois?

— Absolument!

L'homme se transforme aussitôt en guide touristique et lui parle de Montréal en agitant les bras.

— C'est une ville folle ou belle, riche ou pauvre, française ou anglaise, selon le quartier où vous vous trouvez. Mais on peut dire qu'elle est surtout très vivante.

Joseph décide de ne pas être trop précis à propos du but de son voyage, mais il ne peut s'empêcher de parler musique. Le visage de son interlocuteur s'illumine alors. Leur conversation s'anime et une complicité s'installe entre eux.

Alors qu'il aperçoit au loin le mont Royal et que les agglomérations se font de plus en plus denses, Joseph sent l'excitation l'envahir.

— Fêtons cela! lance son ami en sortant de sa poche un flacon de rhum.

Sous le regard dégoûté de trois gentilshommes habillés à l'anglaise — gilet et pantalon blancs, cravate de soie et chapeau Waterloo — qui parlent à voix basse, les jeunes continuent à fraterniser. Rapidement, le flacon est vide et l'ivresse gagne leurs sens.

Quand le forgeron dit qu'il doit passer une nuit à Montréal avant de poursuivre sa route, François lui répond (ils se tutoient maintenant):

— Fais-moi confiance. Tu aimes la musique? Tu aimes le rhum? Tu vas connaître une soirée mémorable.

Cette soirée et cette nuit seront en effet mémorables même si Joseph ne va les vivre qu'à moitié, l'autre partie de lui-même allant s'égarer dans les vapeurs éthyliques.

Arrivés au terminus, au milieu du port de Montréal en pleine activité, car on y construit d'immenses quais, les deux jeunes hommes remontent la place du marché jusqu'à la rue Saint-Paul. François décide d'amener son visiteur voir la ville en longeant cette artère. Vers le nord, la rue Saint-Paul est le lieu où boutiquiers, marchands, épiciers, artisans et une bonne concentration de médecins, notaires et autres représentants de professions libérales ont choisi de s'installer. Tout au bout de la rue, au coin de Saint-

Denis, s'élève l'église Notre-Dame-de-Bonsecours, avec la statue de la vierge tournée vers le fleuve, et au coin de l'avenue Saint-Gilles se trouve la caserne des pompiers. Au coin de la rue Saint-Joseph s'élève l'Hôtel-Dieu et, à l'ouest, l'église anglicane Christ Church.

Avec ses vingt-cinq mille habitants et son haut degré d'industrialisation, Montréal vient de supplanter Québec comme métropole du pays. Pourtant, les maisons sont rares au-delà de la rue Sainte-Catherine et quasi inexistantes au-delà de Sherbrooke où paissent des bêtes à cornes sur de vastes pâturages. On trouve aussi autour de la ville des vergers et des jardins potagers qui produisent des fruits et des légumes vendus au marché.

À Montréal, c'est au bord de l'eau qu'on trouve l'activité la plus fébrile. Tous les jours, un trois-mâts jette l'ancre dans les eaux du port pour y déverser sa cargaison, ses immigrants et ses matelots. Et là où il y a des marins, il y a à boire.

Les deux amis passent devant les locaux du journal *La Minerve*, puis devant ceux du *Montreal Herald*, et pénètrent à l'hôtel Mansion House. Trois violoneux jouent des airs enlevants : gigues, *reels* et matelotes. Joseph remarque immédiatement que cette musique d'origine écossaise, irlandaise, anglaise, allemande et américaine n'a pas la sonorité et le rythme des mélodies jouées par les violoneux de sa région durant les fêtes populaires. Dans des danses comme *La Jig du Bas-Canada*, on sent plus l'influence des quadrilles et des menuets français.

Les deux hommes se commandent un rhum et Joseph insiste pour payer. Il a les yeux ronds de celui qui veut tout voir en même temps. Mais dans cet endroit animé où règne un brouhaha incroyable, c'est une femme d'une quarantaine d'années assise au comptoir qui retient son attention. Elle est vêtue d'une légère robe noire avec de la dentelle sur la bordure. Sa coiffure est étrange : elle s'élève de plusieurs pouces et est surmontée d'une grande plume. La femme a des yeux foncés et mystérieux. Ils sont comme sans expression.

Elle a remarqué le jeune homme et un imperceptible sourire se dessine sur ses lèvres. Joseph détourne le regard.

— Ici, mon ami, c'est l'hôtel des grands frissons ! lance François Daudelin qui sautille sur sa chaise. Les Anglais, ils ont compris ce que veulent les hommes.

En regardant plus attentivement autour de lui, Joseph aperçoit des couples qui gravissent main dans la main, au fond de la salle, un escalier menant au premier étage. Certains montent tranquillement, d'autres avec empressement et quelques-uns portent carrément dans leurs bras une femme qui rit à gorge déployée.

Joseph comprend où il est entré. Voilà donc à quoi ressemblent ces fameux lieux de débauche dont parlent les curés dans leurs sermons.

— À la débauche ! dit Joseph à François en levant son verre.

Mais à côté de lui, la chaise est vide. Au fond de la salle, il aperçoit son ami en train de monter l'escalier avec une grande femme aux dents proéminentes. Il lui envoie la main, des éclairs dans les yeux.

Le vertige s'empare de Joseph. Il veut quitter le Mansion House, mais il sent une présence près de lui. La femme en noir du bar s'est invitée à sa table.

— Alors, mon petit, on veut connaître l'amour ?

Le reste de la nuit se déroule dans un tourbillon indescriptible. Toutes sortes de choses inédites dans la vie tranquille du jeune homme ont lieu l'une après l'autre. En goûtant ces petits plaisirs de la liberté, Joseph ne veut pas savoir que ce qui monte redescend, que la lumière crée l'ombre, que toute folie a un prix. Pour l'instant, il boit, se laisse entraîner par la femme en noir et il rit comme jamais il n'a ri.

— Tu veux savoir mon nom ? *Call me Gladys.*

Le lendemain, Joseph se réveille la tête sur le trottoir, les vêtements en charpie, la bouche pâteuse. Il tente de se lever, mais a l'impression que sa tête va exploser. Il se traîne péniblement vers le mur où il s'adosse pour retrouver ses esprits. Ce geste suffit à provoquer un vomissement. Accroupi près d'un lampadaire, il se vide les entrailles jusqu'à la bile pendant que lui viennent en mémoire quelques versets de l'Apocalypse.

Trois ou quatre heures plus tard, il revient peu à peu à lui. Quelques images font surface. Il revoit la lingerie de la dame de l'hôtel abandonnée près d'un lit à grands barreaux de fer. Ils avaient monté dans la chambre une bouteille de rhum qu'elle lui avait fait acheter. Il se revoit en train de l'embrasser furieusement. Il revoit son corps nu un peu flétri et aux formes pendantes mais à la peau plus douce que la plus douce étoffe. Il entend son rire aigu et nasillard. Elle l'appelait «mon petit». Puis elle a disparu et il l'a cherché partout dans les corridors de l'hôtel puis dans les rues de Montréal. Il a crié «Gladys!» mais en vain.

Sortant soudain de sa torpeur, d'un geste vif il plonge ses mains dans ses poches et pousse un cri. De ses 16 $, il ne lui reste plus un sou. Ses seules économies, le salaire d'un an et demi... envolées. Cette femme mielleuse aura profité de son innocence pour l'enivrer et voler son argent. Il faudrait pleurer.

Mais un sourire demeure fixé à son visage. «Fichtre! Ça m'a coûté cher mais au moins, ce matin, je ne suis plus puceau!»

☍

Était-ce prémonitoire ? Qui sait ? En tout cas, Casavant avait eu l'idée lumineuse d'acheter son billet pour Sainte-Thérèse dès son arrivée à Montréal et de le déposer aussitôt au fond de sa besace. Sa mauvaise fortune lui aura valu une migraine et bien des tourments mais pas celui de devoir faire la manche au coin des rues d'une ville qu'il ne connaît pas.

Il embarque donc dans la première voiture pour Sainte-Thérèse. Après huit heures particulièrement pénibles, il aperçoit enfin le clocher de l'église et, à son étonnement, il apprend qu'il ne peut résider avant quelques jours chez le curé Ducharme. Le collège, où une quinzaine de finissants doivent séjourner encore quelques semaines, est rempli à capacité. Il loge donc chez la responsable de l'école des filles. Mme Gratton est plutôt grincheuse, mais le voyageur ne s'en formalise pas, trop content de trouver un lit qui lui soit destiné.

Le lendemain, au réveil, le mal de tête est enfin parti et le pensionnaire se dégourdit les doigts à rafistoler un vieux piano découvert dans un coin du couvent. Pour l'accordeur d'occasion, qui n'a vu qu'un seul piano dans sa vie (et pas n'importe où : dans une seigneurie), cette trouvaille est inestimable.

Seize heures de voyage en deux jours et toutes ces mésaventures semblent ragaillardir Casavant. Même s'il arrive dans un village inconnu où la maison qui doit l'héberger n'a plus de place, il est content d'être là. « La musique le ravit, écrit l'annaliste du patelin qui a fait sa connaissance. Il s'amuse des heures entières à tirer des sons du vieux piano qu'il a accordé en arrivant. Ses succès sont rapides. »

Mais le nouvel élève inquiète un peu le curé qui l'a pris sous son aile, à ses frais comme il se doit. Sans le lui dire ouvertement, car il ne sait trop comment s'y prendre, le curé Ducharme ne lui prédit pas le meilleur avenir dans le monde musical, étant donné son âge avancé. Un bon pianiste se forme dès l'enfance. Quand, à vingt-sept ans, il reçoit ses premières leçons, Joseph Casavant dépasse d'une bonne tête les autres étudiants, deux fois plus jeunes que lui.

Au fil des semaines et des mois, cependant, Ducharme s'attache à ce vieux garçon et lui reconnaît plusieurs nobles qualités. Il n'est pas le plus intellectuel des pensionnaires de l'établissement — il n'a jamais rien compris à la grammaire, par exemple, et commet d'innombrables fautes d'orthographe chaque fois qu'il prend la plume — mais, en revanche, tout semble l'intéresser. Ce gaillard vaillant et énergique est toujours prêt à rendre service. C'est utile dans un collège où tout est à faire. Même si de tristes pensées viennent parfois assombrir son visage, il peut s'enflammer soudain quand un sujet l'inspire. Le responsable des annales du collège écrit à propos du nouvel élève qu'il a un « caractère bizarre, original, porté au paradoxe et à la contradiction ».

Cela dit, Joseph est doté d'un talent d'autant plus fascinant pour le curé Ducharme qu'il s'en sait lui-même totalement dépourvu : celui des mains. Le jeune homme est extrêmement habile. On dirait que Casavant comprend le mécanisme des choses seulement à les regarder fonctionner. Une horloge, un moteur, un instrument de musique, rien ne lui résiste. Cette qualité, jointe à sa disponibilité, lui joue parfois des tours. Il devient vite l'homme à tout faire de la maison. On le charge notamment d'accorder tous les instruments, depuis le jour où il a redonné vie au piano de l'école des filles. La paroisse est pauvre et, si on peut trouver un collégien apte à faire un travail gratuitement, on en profite.

Joseph ne s'y oppose pas.

Les cloches de l'angélus font sursauter le curé Ducharme, au milieu de sa lecture. Il réalise qu'il doit s'occuper de ses pensionnaires ; il n'y a pas un instant à perdre.

Arrivé au réfectoire, il remarque une fébrilité peu coutumière. Les élèves, en petits groupes, parlent, rient, s'exclament. Cela le ravit. Il est dans une excellente disposition et a l'humeur à la fête. Il s'installe près d'Augustin Lavallée, de Gilles Dion et de Joseph Casavant, dont il aime bien la compagnie. Ce dernier, pourtant, n'apprécie pas que le curé s'approche trop près de lui, l'odeur âcre de son haleine lui rappelant vaguement le pire réveil de sa vie, sur un trottoir de Montréal.

Ce jour-là, au réfectoire, on parle de la fascinante évolution des chemins de fer.

— Il y en a qui disent qu'on pourra un jour aller à Vancouver en train, dit Lavallée. C'est même le grand rêve de certains politiciens.

— Foutaise, lance Dion. Je suis allé dans cette région avec mon père et je vous jure sur ma propre tête qu'on ne parviendra jamais à traverser les Rocheuses avec la voie ferrée. Il y a là des murs de roc et de glace insurmontables.

— Attention, intervient le curé Ducharme. La science fait des progrès étonnants. Ce qui nous semblait impossible autrefois est très commun aujourd'hui. Aux États-Unis, ils sont très actifs dans ce domaine et pourraient nous réserver des surprises. Là où le train arrive, la prospérité est assurée. Je vous le dis : on n'a pas fini d'entendre parler des chemins de fer. Si le bon Dieu était de notre bord, il nous l'enverrait à Sainte-Thérèse, en tout cas.

La conversation se poursuit à bâtons rompus. Casavant, que le sujet laisse indifférent, se lève discrètement et quitte le groupe. Il a la tête ailleurs. Un peu plus loin, d'autres élèves discutent avec passion de la visite prochaine d'un célèbre musicien d'origine européenne, Théodore Molt.

— On dit qu'il a personnellement rencontré Ludwig van Beethoven à Vienne.

— Certainement, reprend son voisin. Il s'est présenté à lui comme un maître de musique du Nouveau Monde. Il a voyagé pendant trois mille heures pour le voir. Il faut dire que c'est un ancien militaire de l'armée de Napoléon. Les voyages, ça ne lui fait pas peur. Beethoven, en reconnaissance, lui a écrit un canon. J'espère qu'il nous le fera entendre...

Joseph écoute sans mot dire. Il a le vague à l'âme. Il se retire dans sa chambre, s'étend sur son lit et se détend quelques instants. En fermant les paupières, il essaie d'imaginer l'Europe, les ports d'Amsterdam et de La Rochelle. Il se voit chevauchant à travers la France, la Suisse, l'Autriche. Derrière un piano-forte encombré, Beethoven tel qu'on le voit sur les gravures, échevelé, voûté et bourru, lève la tête...

Puis le rêveur voit apparaître pêle-mêle les coteaux de Maska, la maison de son père et le visage d'Héloïse. Que devient-elle ? Sans doute a-t-elle commencé ses études à l'école normale de Québec afin de devenir maîtresse d'école. C'est ce qu'elle souhaitait à l'époque, quand ils se rencontraient furtivement et qu'ils se parlaient doucement.

Les Dessaulles avaient eu vent de leur idylle et avaient tout fait pour éviter que la petite ne soit déshonorée. Joseph avait connu une peine d'amour immense. Furieux contre le sort qui avait fait de lui un roturier, et abattu à la pensée de ne plus jamais revoir Héloïse, il avait pleuré toutes les larmes de son corps. À peine avaient-ils pu se voir quelques fois avant que la vie ne les sépare à jamais. Dans ce temps-là, l'enclume ne chanta guère dans le froid du jour, comme cela se produisait dans les moments heureux.

La dernière fois qu'ils s'étaient vus, la jeune fille était accompagnée d'une de ses cousines ; impossible, encore une fois, de lui parler librement. Héloïse avait joué le jeu.

— Monsieur Casavant, je vous présente ma cousine Marie-Olive. Elle vient du village de Saint-Jean-Dorchester, près de Montréal.

— Bonjour mademoiselle, avait repris Joseph en cachant son tourment. Vous avez un fort joli prénom. Il me rappelle celui de ma mère.

L'enfant avait souri.

De nouveau, Joseph avait regardé Héloïse dans les yeux en se disant qu'il lui parlait peut-être pour la dernière fois. Vêtue d'une cape turquoise et coiffée d'une toque d'où s'échappaient quelques mèches de cheveux, elle était magnifique. Il avait envie de lui dire des mots d'amour.

Couché dans son petit lit, naviguant dans ses souvenirs, le jeune homme revoit pour la millième fois le moment où ils se sont embrassés. Au moment de se quitter, leurs visages se sont rapprochés lentement d'une façon quelque peu magique jusqu'à ce que leurs bouches se touchent. Il a goûté ses lèvres chaudes, aperçu ses cils près de sa joue et senti son souffle dans son cou. La petite chaperonne a détourné le regard.

Après avoir poussé un long soupir, Joseph se ressaisit. Il faut tourner la page. Laisser au passé ce qui lui appartient et qui, de toute façon, ne reviendra plus.

Une chose est certaine : il ne regrette pas le moindrement la décision qu'il a prise à vingt-sept ans. Pour la première fois de sa vie, il fait ce qu'il aime : de la musique. Et il le fait avec d'autres. Avant son départ, ses goûts l'avaient placé dans l'inconfortable catégorie des marginaux. Ici, au collège du curé Ducharme, les marginaux ont été réunis et c'est à eux qu'on se consacre.

L'épisode de Montréal lui est cependant resté sur le cœur. C'était peut-être amusant sur le moment, mais, après réflexion, il faut bien convenir que c'était stupide. L'acte d'un adolescent irresponsable. « Un an et demi de salaire gaspillé en une seule nuit ! Je m'en repentirai longtemps », se dit-il. Au plus fort de sa culpabilité, il s'est promis de ne plus jamais toucher à une femme.

Le lendemain, le vent de nostalgie est passé. Les cours de piano se poursuivent. Joseph est un bon pianiste, mais il se juge sévèrement, surtout lorsqu'il se compare à d'autres étudiants de l'école. Quand se présente une partition de Mozart ou de Beethoven, il arrive à transmettre la musicalité de l'œuvre, mais la virtuosité n'y est pas. «Ça viendra, se dit-il pour s'encourager. Un jour, à force de travailler, j'y arriverai.»

«*Extra, Extra, please, leave the center road*, dit la voix du cocher qui file sur le chemin boueux du nord. *This is the Royal Mail!*»

Après hésitation, les carrosses se résignent à se ranger sur le côté du chemin pour laisser passer la rutilante voiture de Sa Majesté. L'automne et le printemps sont les plus mauvaises saisons pour rouler en calèche. À cause des pluies, les routes sont presque impraticables. L'hiver, la carriole glisse sur la neige et ne s'enlise jamais. En novembre, les roues s'embourbent souvent au point où les passagers doivent sortir pour pousser le véhicule. Ils «mettent l'épaule à la roue» comme dit l'expression.

Le commis lui-même n'en revient pas: tout ce trajet de Montréal à Sainte-Thérèse-de-Blainville pour livrer une petite caisse de lettres. Mais c'est la règle: la *Royal Mail* n'est pas régie par des motifs de rentabilité.

Arrivé au collège jaune, l'employé de la Poste remet au curé Ducharme un petit paquet ficelé contenant une dizaine de lettres. L'une d'elles provient du village d'origine de Joseph.

— Tenez, dit le prêtre, votre sœur vous écrit.

Mais en voyant l'écriture sur l'enveloppe, le jeune homme se sent défaillir. Il voit tout de suite que l'auteur de la missive n'est pas sa sœur mais Héloïse, contrainte au silence depuis si longtemps par une famille sévère. Elle a dû écrire cette lettre en cachette.

En prenant dans ses mains le précieux parchemin, le jeune homme sent presque le parfum de la pianiste qu'il a connue au manoir Dessaulles. Et c'est avec une délicatesse extrême qu'il décachète l'enveloppe après l'avoir caressée du bout des doigts et humée, les yeux fermés.

Québec, le 6 novembre 1834
Mon cher grand ami.

Comme vous le constatez au haut de cette missive, j'ai déménagé. En fait, j'ai moi-même insisté pour revenir chez mon père afin de le connaître un peu de son vivant et aussi de découvrir de nouveaux horizons. Tout s'est passé très vite. Les Dessaulles en étaient tout bouleversés. J'avais le cœur gros, Joseph, vous ne pouvez pas savoir…

Québec, pour moi, c'est une grande ville et j'essaie de m'adapter du mieux que mon caractère de campagnarde me le permet. Mais ma vie de petite fille est comme restée là-bas. Maintenant, mes cours à l'école normale ont commencé et sont difficiles. Me voilà catapultée dans la vie adulte : responsabilités, manque de temps et de sommeil. Mais tout cela ne cadre pas avec mon caractère car je n'arrive pas à vieillir. Je boude quand je n'ai pas ce que je désire, un rien me fait pleurer…

Je ne sais pas ce que vous devenez. Votre sœur m'a dit que vous étiez allé étudier la musique. C'est un choix surprenant mais cela vous ressemble. Ce ne sera pas une vie facile, vous ne l'ignorez pas.

Je pense à vous et je ne vous oublie pas.

Héloïse.

« Elle pense à moi, se dit Joseph. C'est le plus beau jour de ma vie. »

Joseph Casavant épouse Marie-Olive Sicard de Carufel le 19 juin 1850.

3

1837 : *Plutôt en faire qu'en jouer !*

« L e bois le plus propre pour les tuyaux de bois est le chêne. Il faut le choisir bien sec, bien beau et surtout sans nœuds, ni aubier, ni gerçures, etc. On le construit de quatre planches assemblées en languettes et rainures, et également larges », dit *L'art du facteur d'orgues,* du moine bénédictin François Bedos de Celles. Casavant manipule ce manuel écrit entre 1766 et 1778 comme s'il s'agissait du dernier exemplaire des Saintes Écritures. Il l'a déposé sur un chevalet, dans un coin de l'atelier, près de ses outils. L'apprenti organier le consulte avec soin chaque fois que l'assemblage des innombrables

pièces de son instrument lui pose problème, c'est-
à-dire fréquemment... Les grandes gravures qui
accompagnent le manuel sont fixées au mur devant
lui. La plus grande, la plus complexe, montre un
orgue vu de l'intérieur. C'est comme un jardin surréa-
liste où des tuyaux de toutes les formes et de toutes
les longueurs s'alignent en perspective. Casavant se
sent dans le ventre de la bête, là où il a connu ses premiers frissons d'amateur d'orgue, à l'adolescence.

La première fois qu'il a tenu dans ses mains ce
manuel appartenant au curé Ducharme, il a été saisi
d'un grand vertige. Le livre s'est ouvert sur des dessins
géométriques compliqués et des croquis de pièces
renvoyant à des tableaux détaillés. De toute évidence,
le moindre petit morceau exige une extrême précision.
Et ces centaines, voire ces milliers de pièces de fer-
raille et de bois doivent finalement former un instrument complet. Le roi des instruments, disent certains.

Au début, le défi lui a semblé démesuré, vertigi-
neux. D'autant plus que Casavant ne dispose que
d'un nombre limité d'outils : une varlope à onglet, un
rabot à double fenêtre, un feuilleret, des guillaumes,
un compas et plusieurs petites scies. Il s'est aussi
fabriqué un trace-pieds et un trace-bouches, des instruments qui l'aident à reproduire les angles capri-
cieux des tuyaux.

Le facteur doit TOUT savoir sur l'orgue : non seulement la façon de le jouer et de le construire, mais

aussi celle de l'accorder. Et il doit avoir hérité d'une oreille fine pour savoir choisir entre des sons nasillards sur le prestant et plus clairs dans la tierce, d'autres sombres ou d'une couleur plus vive dans la doublette ou le gros nasard... Il doit connaître les infimes détails qui distinguent les bons des mauvais leviers, savoir ajuster les poulies, les charnières, les mille vis et leurs écrous pour que le sommier réponde bien. Beaucoup de pièces sont à recommencer quand vient le moment de les installer et qu'à peine une fraction de millimètre de rabotage en trop peut tout gâcher : trente secondes de distraction.

Casavant apprend lentement la première leçon de l'organier : la patience. Il se découragera souvent, aura envie de tout laisser tomber cent fois plutôt qu'une. Mais il finit par se ressaisir au dernier moment ; après tout, rien ne presse. Et il a une longueur d'avance sur le vrai débutant puisqu'on a réussi à sauver quelques pièces maîtresses (dont la console et le clavier) de l'instrument acheté par le curé Ducharme.

Cet instrument démantibulé est le produit de la plus mauvaise transaction que le curé ait faite de toute sa vie. Voulant épargner quelques louis, le curé a fait affaire avec un dénommé Jacotel, un commerçant peu scrupuleux qui se disait facteur d'orgues. En réalité, il a simplement fait venir des tuyaux et diverses pièces de l'instrument de Londres, de Paris et d'ailleurs. Mais incapable de les assembler, il a livré la marchandise en vrac au curé thérésien dans une dizaine de caisses avec une facture salée.

Après avoir souffert la traversée trans-océanique, les pièces ont connu deux hivers rigoureux pour lesquels aucun instrument européen n'a été conçu. L'apprenti a donc dû commencer par là: ajuster et modifier les pièces reçues. Il entame donc la construction de l'orgue de Sainte-Thérèse comme s'il s'installait devant un immense jeu de patience.

Puis Joseph se rend dans la forêt de Saint-Janvier avec Augustin Lavallée, un ancien bûcheron qui, comme lui, a eu la piqûre musicale tardive, pour trouver un chêne centenaire. Cet arbre fera assurément de beaux buffets et de belles consoles.

— *Timber*, s'écrie Casavant quand l'arbre choît dans un immense craquement sur le sol gelé.

— Holà! Forgeron. Regarde par ici. En voici un encore plus costaud.

Augustin a déjà trouvé un autre chêne et propose à son compagnon de lui faire subir le même sort.

— Pas si vite. Cela me suffit; avec ce bois, je pourrais construire vingt orgues si je le voulais. Contentons-nous de le mettre en pièces pour le ramener à l'atelier.

L'ancien bûcheron, de neuf ans le cadet de Joseph, a été maréchal-ferrant et même armurier avant d'entrer au collège de Sainte-Thérèse, où ses progrès musicaux ont été stupéfiants. Originaire de Verchères, cette pièce d'homme à la voix de stentor porte une épaisse barbe noire et a une chevelure dense sous sa tuque de laine. S'imposant une discipline de fer, il ne tolère pas la médiocrité. On raconte qu'il s'est autrefois écrasé le médius de la main droite sur son enclume. Depuis, il lime en secret les bords de son doigt estropié, afin de pouvoir continuer à toucher le clavier. Mais pour quiconque perce son apparence de dur à cuire, Augustin Lavallée révèle une grande sensibilité. En plus, il a un incroyable don de conteur qu'il exploite durant le temps des Fêtes. Quand il rit, les murs tremblent.

Casavant s'est rapidement lié d'amitié avec lui. Au point où il ne tolère personne d'autre dans son atelier quand il se met au travail. La plupart du temps, il est seul avec son projet.

Quand un tuyau est terminé, Casavant dépose le pied du cylindre sur le sommier où un orifice lui est destiné, et il va actionner la pompe au moyen de quelques coups énergiques. C'est le moment de vérité: parfois, on n'entend rien et il faut ajuster le biseau, ou l'une des deux lèvres dans le cas des tuyaux à bouche. Ou alors le tuyau à anche fait défaut: le noyau est mal fixé, ou le pavillon, ou encore l'anche est à replacer à l'aide de la rasette. Parfois, un son jaillit mais il est faux ou trop nasillard. Casavant le démonte alors, sans impatience, et le ponce un peu plus d'un côté ou de l'autre... ou en modifie l'entaille ou le biseau. Fastidieuse pour d'autres, la registration de l'instrument est pour Casavant un plaisir fin. Il est le prélude à l'inauguration du grand orgue, donc à la fête.

La confection des tuyaux avance à un bon rythme. Bientôt, ils seront tous terminés et on pourra les faire sonner non comme des pièces uniques mais comme les composantes indissociables d'un tout. Chaque note sur le clavier correspond en effet à plusieurs tuyaux de bois et de métal qui chantent sur le même ton et cette série de tuyaux change avec le jeu.

Les années de métier dans la boutique du forgeron Marchessault sont toujours présentes dans les mains du facteur. Casavant s'en rend compte quand il travaille le fer et l'étain et que les gestes lui viennent naturellement. Trouver les meilleures proportions de métal à employer dans les tuyaux de basse par comparaison aux fines flûtes des aigus a été ardu, mais la forge est entrée dans son sang et ne s'est jamais perdue.

Par contre, son passé de forgeron n'est d'aucun secours quand il s'agit de faire chanter le bois de chêne. Casavant s'en remet donc aux complexes explications de dom Bedos de Celles. Écrit dans une langue étrange un demi-siècle plus tôt, le manuel est parfois difficile à comprendre. Dès la première page, on y va d'un avertissement peu encourageant : « Il y a certains Arts très-difficiles à décrire [...]. Le Facteur d'Orgues est de ce genre ; pour bien le traiter, il faut avoir des principes de Mathématiques, il faut être harmoniciste, il faut connoître beaucoup d'Arts qui tous concourent à faire ce bel & grand instrument. »

Or, Casavant n'est ni harmoniciste ni spécialiste d'aucun art. La première règle du docte moine bénédictin est déjà enfreinte. Notre homme est un besogneux, hardi mais sans connaissances particulières. C'est au prix de tâtonnements, de retouches ici et là, d'essais et d'erreurs qu'il espère parvenir à se tirer d'affaire.

Après de longs mois de travail, un matin excessivement froid et enneigé de décembre 1837, on se presse à l'église pour entendre le fameux instrument. Par solidarité, par amitié ou par curiosité, tous se sont massés dans l'église de Sainte-Thérèse. Le curé Ducharme a du mal à cacher son excitation.

C'est à Augustin Lavallée qu'on a demandé de jouer les premiers accords. Seul étudiant du collège à avoir déjà touché l'orgue, le jeune musicien a d'abord refusé l'honneur. L'insistance de Casavant et du curé Ducharme a cependant eu raison de ses réticences. Pour l'inauguration, il a répété quelques morceaux de Haydn et de Haendel, et deux fugues de sa composition. Il prévoit également faire une improvisation sur le Kyrie.

De son côté, le curé Ducharme a été particulièrement inspiré quand il a préparé sa bénédiction.
Quelques paroissiens remarquent, au moment où le
prêtre regarde les volutes d'encens monter le long
des tuyaux de son grand orgue, la petite larme
d'émotion qui glisse sur sa joue. Ducharme se voit
un peu comme le père de cet orgue qu'il entend
enfin dans «son» église et avec «ses» fidèles aussi
émus que lui.

— Éveille-toi, orgue, instrument sacré, clame-
t-il. Élève nos prières vers Marie, mère de Jésus. La
musique sacrée, par sa bouche, donne une voix à
celles qui dépassent les voix humaines.

L'orgue de Casavant sonne bien. Il possède une
couleur à la fois discrète et profonde. Il ne vocifère
pas comme d'autres instruments sortis des ateliers
américains où on les fabrique en série. Et Augustin
Lavallée, qui a modifié quelques éléments au dernier
instant, joue avec maîtrise et doigté. Cet orgue a,
croit Ducharme, une âme, une personnalité, un petit
quelque chose hors du commun.

C'est un grand moment pour Sainte-Thérèse.

☙

Le peintre Théophile Hamel ferme un œil et
regarde son modèle que Thomas Gagnon, un commerçant de Québec nouvellement prospère, lui a

demandé de peindre. «Je voudrais d'elle un grand portrait pour mettre dans le salon car je ne l'aurai pas toujours auprès de moi», lui a dit le client. Hamel, qui cherche à se faire connaître comme portraitiste, est ravi de la commande et promet de s'exécuter avec rapidité et à un prix convenable.

L'artiste a d'abord pensé faire d'Héloïse Gagnon un portrait en pied à l'extérieur, dans un jardin au milieu des fleurs par exemple, afin de rendre dans son œuvre le côté jovial et naturel de la jeune femme. Mais après avoir discuté avec elle et observé son attitude corporelle, il s'est aperçu qu'une certaine nostalgie habitait son modèle. «Cette femme a quelque chose de triste, s'est alors dit le peintre. Je ne peux pas la représenter en plein soleil.»

Au moment d'installer son chevalet dans la maison de pierre des Gagnon, dans la haute-ville de Québec, le peintre a une idée précise de la façon dont il va l'immortaliser.

Il l'installe dans un fauteuil de velours devant un drapé qui pourrait être le rideau d'une fenêtre. Il la fait se vêtir de somptueux vêtements à manches bouffantes et la coiffe comme une dame de la haute société. Le corsage au décolleté croisé qu'elle porte laisse voir une riche guimpe de dentelle. Sur le tableau, la jeune femme regarde droit devant elle et ses yeux semblent remplis de larmes. Sa bouche, inexpressive, est celle d'une femme résignée, et une rose flétrie pend négligemment au bout de ses doigts.

Aussitôt le *Portrait d'une jeune femme à la rose* terminé, le peintre présente son œuvre au commerçant Gagnon qui se montre satisfait.

Au dernier instant, Théophile Hamel décide de ne pas laisser le tableau à son client tant qu'il ne sera pas payé. L'artiste prétexte poliment quelques retouches à faire pour repartir chez lui, son œuvre sous le bras. «Quand il me paiera, se dit-il, je lui apporterai son tableau.»

Longtemps, il se félicitera d'avoir eu cette présence d'esprit.

∞

— Vous réussirez mieux à en faire qu'à en jouer!

Le commentaire est tombé comme une chape de plomb sur l'humeur joyeuse de l'artisan. L'abbé Ducharme a lancé ça avec un air bourru, esquissant le sourire des jours où il aimerait mieux être un ami qu'un curé. Casavant l'a regardé sans mot dire.

«Mais je ne suis pas venu à Sainte-Thérèse pour construire des orgues», se dit-il. Il y est venu pour apprendre la musique. Cette histoire d'orgue n'était qu'un jeu, un défi parmi d'autres, plus amusant peut-être parce qu'il permettait de joindre l'utile à l'agréable. De là à y consacrer une vie, il y a un monde.

Se voit-il seulement constructeur d'instruments ? Le Canada est un pays hostile aux orgues. Il faut passer son temps à accorder l'instrument car le climat est impitoyable pour le bois qui se tord, les métaux qui se dessoudent ; même l'ivoire du clavier se décolle avec le temps. L'effet des saisons semble agir ici dix fois plus vite que dans les vieux pays.

Non : à d'autres la facture d'orgues. Les leçons de piano vont reprendre. Le plus tôt sera le mieux.

L'orgue de Sainte-Thérèse, dont Augustin Lavallée est devenu le titulaire, continue cependant d'attirer les curieux de la région. On se demande bien comment un collégien a pu réaliser un travail si complexe sans le secours d'un maître.

La surprise de Ducharme est totale quand il lit dans le journal *L'Ami du peuple* une lettre adressée à l'éditeur. Un auteur anonyme vante l'instrument. « Je crois, écrit l'amateur, faire plaisir aux amis des arts en leur apprenant que le sieur Joseph Casavant, un de nos compatriotes canadiens, vient d'achever à Sainte-Thérèse-de-Blainville un orgue qui ne le cède point en élégance et en solidité aux orgues qui viennent d'Europe. Il est tout entier de la facture de ce monsieur qui paraît travailler avec une égale facilité le fer, l'étain, le cuivre, le bois et l'ivoire. Cet orgue a sept jeux qui m'ont paru former une excellente harmonie et la trompette surtout qui dans bien des orgues fait un effet désagréable, se marie agréablement aux autres jeux.» Et il ajoute : « Je souhaite au sieur Casavant de continuer comme il a commencé : il fera honneur à son pays tout en lui rendant service. »

Quelques jours plus tard, en entrant dans l'église, Casavant entend une musique nouvelle émaner de son instrument. Cette œuvre inconnue étonne par son rythme simple et profond. Les premières mesures semblent légères à l'oreille, mais la complexité s'amplifie peu à peu, et emplit bientôt toute l'église. Cette musique est belle et étrange.

Après le dernier point d'orgue, Joseph se retourne et lève les yeux vers le jubé.

— Mais que joues-tu là ? demande-t-il à Augustin. Je n'ai jamais entendu cette musique !

— Je ne sais pas. C'est écrit « Orgelbüchlein ». J'ai trouvé ça près du presbytère et je répète des passages depuis une semaine. C'est... divin. Mais j'ignore le nom du compositeur, il manque des pages. C'est allemand, je crois. Mais écoute ce qui s'en vient : c'est encore plus beau, tu vas voir.

Joseph s'installe sur un banc au milieu de l'église et se prépare à l'audition. L'organiste entreprend une mélodie simple d'une main sur le clavier ; seuls les tuyaux de flûte sont libérés. Puis, au pédalier, de longues rondes chromatiques se font entendre et deviennent la fondation de l'œuvre. Avec la main droite, le musicien reprend l'air du début et le tout devient un canon ; il a ouvert le jeu des bourdons et des cornets.

Derrière l'écran de ses yeux clos, Casavant voit s'élever une cathédrale avec ses arcs-boutants, ses galeries pleines de statues de pierre, ses vitraux, et, à mesure qu'une mélodie se fait entendre, il voit un clocher monter au ciel, des carillons résonnent. Cette musique est une prière.

Le tempo redevient plus lent. Le canon s'estompe. Les notes basses emplissent l'église et réverbèrent avec un excellent effet. Alors qu'une douce musique berce le silence, Joseph pense à Héloïse si loin de lui. Cent fois, il a voulu lui écrire des mots doux, cent fois il a voulu lui dire « Je vous aime », mais chaque fois qu'il a essayé d'aligner des mots sur le papier, ses phrases ne correspondaient pas à ses pensées. Il froissait des feuilles et des feuilles et les jetait dans un geste de découragement : plutôt renoncer à écrire que d'envoyer d'imparfaites lettres.

Mais plongé dans cette musique divine, il a l'impression de traverser le temps et les forêts à la rencontre de la douce Héloïse. Ils marchent au bord de la Yamaska, souriants, main dans la main. Les efforts pour apprendre la musique dans ce village perdu ne comptent plus, le temps passé à recommencer ses lettres non plus. C'est la paix. Les deux amis sont enfin réunis et, calmement, ils goûtent le moment qui passe.

À l'orgue, l'œuvre s'achève comme elle a commencé par la mélodie jouée sur le positif, de la main gauche, accompagnée des tuyaux de basses commandés par le pédalier. Puis le tempo ralentit et le choral s'achève. Joseph revient tranquillement à lui.

«Comment peut-on faire une musique si aérienne avec des éléments aussi massifs que le bois de chêne et un métal comme le plomb», se demande Joseph, emporté par une sensation physique proche de l'euphorie. Le facteur d'orgues transforme la matière ; dans ses mains la plus grande densité devient légèreté. Après tout, quel noble métier...

Au moment où Augustin entame un nouveau mouvement encore plus beau que le précédent, Casavant aperçoit du coin de l'œil le corpulent curé accompagné d'un grand homme au visage osseux. Ils se dirigent vers lui. Alors que le curé veut prendre la parole, Casavant l'arrête. Il lui fait signe d'écouter. Il veut entendre la fin de la pièce.

Ducharme obéit, mais il contient mal son excitation.

— Nous avons conclu un marché, commence le prêtre à voix basse, incapable de se retenir plus longtemps. C'est vous qui construirez l'orgue de Saint-Martin-de-Laval. C'est votre première commande officielle, mon fils. Vous travaillerez dans les ateliers du collège. Je vous aiderai.

Même s'il tente de camoufler son émotion, c'est évident : Ducharme jubile. Si on pouvait lancer une véritable entreprise d'orgues canadiennes, ce serait la réussite et tous les espoirs seraient permis. Après tout, la demande est forte car on construit des églises un peu partout et les paroisses du Bas-Canada, peu fortunées, ne peuvent se payer des orgues « authentiques » venues d'Europe.

Les facteurs d'orgues continentaux sont soit malhonnêtes (Ducharme l'a appris à ses dépens avec ce damné Jacotel), soit protestants. Un constructeur catholique, francophone de surcroît, partirait gagnant pour les contrats des centaines de paroisses qui se créeront d'ici une ou deux décennies au Bas-Canada. Le sens des affaires de Ducharme, qu'il tient de son père commerçant, flaire l'occasion inespérée.

Cependant, Casavant est toujours indécis entre « en faire » et « en jouer ». Il touche l'orgue en même temps qu'il entreprend la construction de l'instrument de Saint-Martin-de-Laval. Dans les recherches musicales qu'il poursuit avec Augustin Lavallée pour élargir le répertoire, rien n'égale encore en profondeur et en émotion la partition de l'*Orgelbüchlein*, trouvée par hasard quelques mois plus tôt. Joseph s'applique lui aussi à jouer les morceaux du mystérieux livret qui contient quarante-cinq préludeschorals. On est en tout cas parvenu à traduire le mot allemand. Il signifie «petit livre d'orgue».

La découverte de l'œuvre de ce compositeur inconnu, probablement de l'école de Haendel à cause de la construction des phrases et des rythmes réguliers, s'avère absolument passionnante. Si certaines fugues sont simples, la plupart sont fort difficiles à jouer. C'est une musique sans grand éclat au premier abord, mais qui révèle toute sa profondeur à mesure que l'on y pénètre. Dans les partitions, la liberté que le compositeur laisse à l'interprète est très grande. On peut jouer tel prélude toutes voiles dehors, avec le plein jeu, et les sons se réverbèrent trois ou quatre bonnes secondes après que la main a quitté le clavier. Ou alors on peut faire sonner seulement les flûtes et le même mouvement devient une espèce de chuchotement angélique.

Augustin Lavallée est ce genre de personnes joviales et farceuses qui semblent ne jamais prendre la vie au sérieux. Mais quand il se met au clavier, on dirait que tout s'efface. Entier, Augustin Lavallée devient musique. Il joue. Même quand ses dix doigts suivent les triples croches de la partition et que ses pieds touchent les basses sur le pédalier — un troisième clavier —, on en vient à oublier le musicien derrière la musique. Quand Joseph joue, cela semble toujours un peu plus ardu.

Plus le temps passe, plus Casavant constate qu'il n'a pas le talent de son ami pour toucher l'instrument qu'il a construit. Augustin parvient à obtenir de meilleurs résultats à l'issue du même nombre d'heures de pratique. Cette constatation, que Joseph refuse d'admettre au début, finit par s'imposer d'elle-même.

« Vous réussirez mieux à en faire qu'à en jouer. » Le curé a peut-être raison…

Le 3 mai 1840, Ignace Bourget est nommé évêque de Montréal. Quand il apprend la nouvelle, Charles-Joseph Ducharme fulmine. Bourget, à qui il a enseigné au séminaire de Québec et dont il était le rival pour la conquête de l'évêché, lui apparaît rétroactivement comme un petit manipulateur de bas étage, moins intelligent que les autres mais toujours capable de se brancher du côté des puissants. « L'histoire se répète, peste-t-il, de la petite école jusqu'aux hautes sphères de la hiérarchie cléricale. »

Après s'être laissé aller à quelques éclats de voix et avoir effarouché plusieurs paroissiennes par sa mauvaise humeur, Ducharme se calme. Après tout, se dit-il, mieux vaut avoir des anciens étudiants à l'évêché que des interlocuteurs inconnus ; ça peut toujours servir. Il décide de jouer cette carte et d'écrire une lettre au nouvel évêque afin de le féliciter pour sa nomination.

À sa surprise, celui-ci lui répond sans tarder, lui disant notamment qu'il a entendu parler des ateliers d'orgues Ducharme-Casavant; il se réjouit de cette initiative. Une correspondance s'ensuit, et Ducharme sent qu'il a une bonne oreille en haut lieu. «Casavant travaille comme un sourd, écrit-il un jour, et je me flatte qu'il surpassera mon espérance. Il a inventé un tuyau d'orgue qu'il appelle "tonnerre en marche" et il fait vraiment un excellent effet.»

Toujours en 1840, Joseph Duquet, un prêtre connu pour être le bras droit d'Ignace Bourget, est nommé pour aller seconder le curé Ducharme dans sa tâche à Sainte-Thérèse. Ducharme se souvient bien de cet ancien du collège jaune. Discret mais très fidèle aux causes qu'il sert, ce Duquet ne lui a jamais inspiré une grande confiance. Sans qu'il sache s'expliquer pourquoi, Ducharme s'est toujours méfié de lui, de ses airs suffisants et précieux.

L'annonce de cette nomination le rend perplexe. Cette décision de lui envoyer un adjoint pour l'aider dans son œuvre pédagogique est certes louable (même s'il n'a jamais rien demandé), mais pourquoi une personne avec qui les relations n'étaient pas, disons, au mieux? L'évêque de Montréal cherche-t-il, avec cet émissaire, à mieux surveiller son ancien rival? Et pourquoi n'a-t-il pas consulté le fondateur du collège?

Tout cela inquiète un peu le curé Ducharme. Enfin, se dit-il, l'Église a ses raisons qu'on ne comprend pas toujours.

En réalité, Mgr Bourget voit «le ciel chargé de nuages» à son entrée en fonctions et se prépare à donner un sérieux coup de torchon, non seulement au nord de Montréal mais dans tout le Bas-Canada. Et il tient à tout contrôler. «Nous ne pouvons dissimuler qu'il y a des plaies profondes à guérir, des abus invétérés à corriger, des scandales déplorables à réprimer. Nous ne pouvons nous cacher que l'indifférence et l'irréligion, l'ivrognerie et les excès de la débauche ont fait parmi vous d'étranges ravages», écrit-il dans son mandement d'entrée, en 1840.

Pour cet homme à l'intelligence pleine de ruse, spéculateur et grand stratège, le clergé a été trop clément et il est temps de redresser la barre. Finies les folies.

Le nouvel évêque de Montréal se croit investi d'un mandat essentiel: redonner la foi au peuple canadien, moralement menacé. Il est prêt à tout pour y arriver. Les Canadiens sont pauvres, mal nourris, mal organisés, peu entreprenants et, en plus, un nombre grandissant d'entre eux se laissent tenter par les États-Unis où l'avenir fleure meilleur. La religion est donc, pour lui, un moyen de sortir le peuple de la vase où il s'enlise.

Ignace Bourget fonde à cette époque un grand nombre de congrégations religieuses, malgré des moyens financiers très limités. La recette est simple : il attend qu'un petit groupe de sœurs se forme, il leur suggère un nom et leur donne sa bénédiction. À elles de s'organiser. Si elles se plaignent, il leur rappelle que les épreuves qu'elles connaissent font partie des embûches posées là par Dieu lui-même.

Rapidement, l'Église canadienne connaît un essor sans précédent. Mais l'évêque n'est pas satisfait : de tels effets spectaculaires ne sont que feu de paille, croit-il. L'«irréligion», pour lui, continue de progresser et fait encore des ravages malgré les succès de son entreprise. Certes, les foules remplissent les églises, mais dans les rues n'importe quel quidam peut acheter des livres écrits par des maîtres de l'athéisme ou de la libre pensée, sinon carrément des apologies du vice et de la débauche.

Il faut imiter l'exemple français et créer au Bas-Canada une «œuvre des bons livres». L'organisme, géré par des ecclésiastiques, permettra la diffusion des bons ouvrages, et interdira les mauvais. Le calcul est simple : avec des bons livres, on ne propagera que des bonnes pensées et le peuple sera bon…

☙

Ces préoccupations n'atteignent pas les pensionnaires du collège jaune qui demeure un espace clos dans lequel sont réunis de fringants adolescents. Ce ne sont pas tous des enfants de chœur. Ils s'affairent actuellement à monter un coup pendable.

Le concierge du collège est un vieil homme grincheux que tous appellent le bonhomme Saint-Antoine. Il a été engagé à l'origine comme homme à tout faire, mais la maladie et la bouteille ont considérablement ralenti son rythme de travail. Même s'il ne fait aujourd'hui presque plus rien, le supérieur n'ose pas le jeter à la rue. Sans famille ni amis, le vieillard risquerait de devenir vagabond ou même de mourir de froid un soir d'hiver. Donc on le tolère et, en général, on l'ignore.

Les étudiants trouvent cependant que le bonhomme a dépassé les bornes en les rendant responsables d'une faute qu'ils n'ont pas commise! L'incident remonte à plusieurs semaines: le concierge a découvert une réserve d'eau-de-vie dont les étudiants ignoraient l'existence. Il s'est servi généreusement et a même vendu quelques bouteilles sur le marché noir. Évidemment, la réserve s'est vite épuisée. On ne sait pas comment le curé Ducharme a eu vent de l'affaire, mais en tout cas il a piqué une de ses saintes colères. Premier soupçonné, le concierge a subi un interrogatoire et s'est empressé d'accuser les collégiens:

— Je vous dis, monsieur le curé, c'était triste à voir. Les jeunes se sont enivrés en cachette au point de se rouler à terre. Très mauvais pour l'image de la maison.

L'ire de Ducharme s'est traduite par une corvée d'une ampleur tout à fait inhabituelle : creusage d'une nouvelle canalisation autour du collège, lavage des latrines, nettoyage des murs extérieurs, etc. Tout le groupe a payé la facture. Sauf le concierge.

On n'a jamais su le fond de l'histoire, mais les étudiants sont bien décidés à trouver un moyen de remettre au fumiste la monnaie de sa pièce. Quand ils voient Casavant travailler à son « tonnerre en marche », ils ont une idée.

Un soir de pleine lune, ils mettent leur plan à exécution. Au beau milieu de la nuit, quatre gaillards pénètrent dans la chambre du bonhomme Saint-Antoine et fixent une corde aux coins du lit où il dort profondément. Pendant ce temps, on glisse dessous le large tuyau d'orgue relié à une soufflerie portative. Avec un système de poulies et d'œillets, les cordes passent au-dessus du lit et sortent à l'extérieur où les garçons se postent.

Au moment convenu, tous tirent lentement sur leur corde et le lit s'élève dans les airs. Simultanément, le tuyau se met à résonner d'un ton grave. Seul Casavant, déguisé en démon dans la chambre à coucher, actionnant la soufflerie, voit le visage blafard du pauvre vieillard, mort de peur, implorant leur pitié et jurant sur la tête de sa mère, de son père et de tous les autres qu'il ne boira plus jamais une seule goutte d'eau-de-vie.

Ce soir-là, on rigole fort au collège. Mais reste entier le mystère de l'alcool. Qui avait bien pu accumuler une telle réserve de vin et de whisky ?

Les années passent et l'atelier d'orgues se perfectionne à chaque nouveau contrat. De moins en moins pianiste et de plus en plus facteur, Joseph se rend lentement à l'évidence : son vieux rêve de devenir musicien ne se réalisera pas. L'ardeur, durant les cours de piano, n'est jamais revenue avec une intensité comparable à celle qui l'habitait avant la construction de l'opus 1, son premier instrument. Son cœur penche plutôt du côté des défis que pose la mécanique de la construction en cours, pour la fabrique de Sainte-Martine. Ce grand orgue doit être installé au plus tard en 1847 dans une église à l'architecture biscornue. Casavant doit faire face à d'importantes contraintes. Le buffet, par exemple, doit à la fois avoir fière allure et être de petite taille. Quant aux jeux de bouche, ils ne conviennent pas à l'organiste qui préférerait des tons plus limpides.

Entre-temps, on continue de venir entendre l'orgue de la paroisse de Sainte-Thérèse, et Ducharme, qui est en quelque sorte l'agent de publicité du nouveau facteur, ne manque pas une occasion de vanter ses talents.

Sa réputation franchit même les frontières. Flavien Turgeon, un Américain, se présente un jour pour rencontrer Joseph Casavant. Grand et exubérant, il explique avec un drôle d'accent et des gestes larges que sa famille a émigré vers le sud quand la famine a frappé sa région. Il vient au Canada pour « redécouvrir ses racines » selon son expression. Ébéniste de métier, il a travaillé pendant deux ans à Boston auprès d'un facteur important et s'y connaît donc un peu en orgues. Aussitôt, Casavant lui demande ce qu'il pense d'un certain mélange de plomb et d'étain pour les tuyaux à bouche. Le personnage explique son point de vue, et s'ensuit un échange technique qu'aucun témoin n'arrive à suivre.

— Et avez-vous entendu parler du système électrique ? demande Flavien Turgeon à Casavant. Dans le sud, on dit que c'est la voie de l'avenir.

— La voie de l'avenir ? répète Casavant en ricanant. Ignorez-vous donc que le premier orgue qu'on a tenté d'électrifier a provoqué un incendie dans son église ? Non, cet instrument doit préserver le contact direct, mécanique avec l'organiste, comme dom

Bedos le dit dans son traité. J'imagine mal un organiste toucher le clavier à un endroit, et l'orgue répondre à un autre. Et puis, avec l'électricité, on ne sait jamais à quoi s'attendre... Voyez-vous, mon bon monsieur, l'art du facteur d'orgues ne consiste pas à trouver les moyens les plus «modernes» de le construire, mais au contraire les plus archaïques. Pour comprendre l'orgue, il faut non pas se tourner vers le prochain siècle mais vers le précédent. C'est un instrument intemporel, mais nos maîtres sont morts. Les modernes ne peuvent rien pour nous.

En tout cas, aux ateliers de Sainte-Thérèse, les choses vont rondement et on décide d'offrir du travail à Turgeon : c'est lui qui travaillera le bois. Buffet, console et quelques pièces non visibles du mécanisme seront sous sa responsabilité.

Malheureusement, Joseph apprend que son compagnon Augustin Lavallée a décidé de retourner dans la région de son enfance, à Verchères.

— Et pour quoi faire ? lui demande-t-il.

— Mon ami, je crois que c'est pour des épousailles, répond Augustin.

— Les tiennes ?

— Les miennes. Ma promise, Charlotte Caroline Valentine, a enfin accepté de m'épouser et je cours à elle. Nous aurons des enfants, une petite maison... sans doute aussi quelques vaches et un potager.

En plus de perdre un ami, Casavant se voit privé d'un excellent collaborateur. Augustin était plus qu'un assistant, il était un véritable conseiller. C'est l'organiste qui détermine quelle «personnalité» aura l'instrument en construction. En travaillant avec le facteur, il peut choisir un orgue plus lumineux ou plus solennel, plus concertant ou plus grave... Joseph lui faisait énormément confiance. Il sera difficile à remplacer.

Ducharme n'est pas présent dans l'atelier, mais il se tient au courant de l'évolution des travaux et voit à ce que les délais soient respectés. Et sa participation ne se limite pas au consentement passif. Occasionnellement, il signe des quittances à Joseph Casavant pour la pension et pour le bois nécessaire au travail. Joseph prend en effet avec la bénédiction du curé tout le bois qu'il lui faut sur les terres du collège. Et c'est le facteur lui-même qui va choisir ses arbres.

Si Ducharme est un commerçant dans l'âme, Casavant, en revanche, est un piètre homme d'affaires. Il égare souvent ses papiers, répugne à rencontrer les notables pour conclure des marchés. Par contre, quand vient le temps de couler du métal en fusion dans des moules cylindriques de sa confection, il est imbattable. L'élaboration de nouveaux alliages créant des sonorités inédites le passionne. Rien à voir avec les travaux de ferronnerie répétitifs et grossiers de son adolescence.

Dans une chaudière chauffée à bloc par ses aides, il fait fondre une certaine quantité de métal dans une marmite en fonte creuse et étroite munie d'un long manche. Puis il verse délicatement le liquide brûlant dans le moule. Poussant un peu plus loin la fantaisie, il a sculpté à même ce moule une petite fleur de lys qui s'imprimera dans le tuyau.

Si l'orgue ne convient pas à la production en série, des entrepreneurs américains comprennent vite que certains jeux de base peuvent être produits en grand nombre, quitte à les ajuster après coup dans des buffets aux caractéristiques particulières. Or, Casavant refuse avec énergie de se plier à ce genre d'opération. À son avis, chaque tuyau doit être imaginé, fabriqué, ajusté, poncé et testé manuellement, individuellement, même s'il s'agit là d'une tâche ardue et répétitive. Pour lui, l'orgue est un instrument de musique autant qu'un instrument du culte, et doit donc être assemblé de manière artisanale, rituelle. Conséquemment, il se montre beaucoup plus empressé à trouver un moyen de régler des problèmes de fausses notes que d'améliorer la rentabilité de l'entreprise. À la limite, se faire payer est le dernier de ses soucis. Tout ce qu'il demande, c'est à boire et à manger…

Le collège de Sainte-Thérèse connaît une nouvelle prospérité : on vient de faire construire un couvent et un collège neufs. Mais pour le curé Ducharme, c'est le début de la fin. On a créé, le 17 mars 1845, la Corporation du petit séminaire de Sainte-Thérèse, où logent cent cinquante séminaristes, et on trouve parmi ses membres, outre l'évêque de Montréal, le jeune prêtre Joseph Duquet, un curé d'une paroisse voisine et Louis Dagenais, un «petit homme au cœur de fiel», selon les mots de Ducharme.

Lui, le fondateur, l'homme qui a tout construit de ses mains et de sa bourse sans attendre l'approbation de son Église, se voit relégué au rang de simple administrateur tandis que cette même Église s'approprie le fruit de son labeur.

Le petit prêtre Duquet n'adresse presque plus la parole à Ducharme et s'absente régulièrement pour des séjours à Montréal, où il prétend avoir des audiences avec l'évêque qui d'ailleurs n'écrit plus au curé de Sainte-Thérèse. Rien pour calmer les appréhensions de ce dernier. Durant l'année 1848, Mgr Bourget (son exécuteur testamentaire) lui fait même signer une entente selon laquelle l'Église lui assurera «une pension viagère de 150 louis, sitôt que par infirmité, ou autre mal, il sera obligé de renoncer à la desserte de la paroisse». On lui donnera aussi, par le biais de ce contrat, «25 cordes de bois par année, avec la liberté de pacager deux vaches et un cheval, sur la ferme du collège, de puiser l'eau du puits, et d'aller sur la terre quand bon lui semblera».

En septembre de la même année, Ducharme se plaint à un correspondant que Mgr Prince, le coadjuteur de l'évêque Bourget, lui a envoyé un vicaire non pour l'aider dans sa cure mais pour le surveiller, «de sorte [qu'il a] le presbytère pour prison». Il ne l'accepte pas et est furieux. «On serait saisi d'indignation, écrit-il, en apprenant la conduite de ceux qui me doivent ce qu'ils sont. Je n'aurais jamais cru que la basse jalousie, la vengeance, l'ingratitude pussent se porter à des moyens si iniques.»

Le motif de ce litige: on veut que Ducharme consente à laisser tomber sa cure, sa dernière possession, et l'incorpore au collège. «Jamais on ne s'imaginerait toutes les petites manigances mises en œuvre pour m'amener à cette mesure, dénonce-t-il. Je disais hier que j'avais perdu la foi. Que je croyais encore en Dieu mais que ce qu'on me faisait m'ôtait toute confiance dans ces hommes.»

Le sacrifice de ses biens après une possession de tant d'années a été cruel, «mais beaucoup moins que les moyens employés pour parvenir à [l]'en déposséder», peste-t-il.

Pendant ce temps, Joseph travaille sans relâche dans son atelier. Jusqu'aux petites heures du matin, on aperçoit encore la petite lueur de sa lampe à huile, et il arrive même que l'organier s'endorme sur la petite chaise droite où il s'installe pour poncer les tuyaux.

Un jour, en fin d'après-midi, alors que Joseph cherche le curé Ducharme pour lui demander ce qu'il pense de la registration d'un nouveau jeu qu'il vient de terminer, il l'aperçoit près du presbytère, se dirigeant à pas vifs vers l'église. L'idée de l'appeler pour lui signaler sa présence lui traverse l'esprit, mais il y renonce afin de ne pas le brusquer, décidant plutôt de le suivre.

C'est ainsi que Casavant découvre la cachette du curé Ducharme. Alors qu'il le perd de vue quelques secondes, il ne retrouve plus sa trace. Le curé s'est littéralement volatilisé. A disparu.

Durant la grand-messe du dimanche matin, tandis que Ducharme officie, Joseph décide de tirer cette affaire au clair. Après avoir fouillé quelques buissons à l'endroit de la disparition, il trouve une petite ouverture entre deux murets de pierre. Au prix de quelques contorsions et de légères éraflures, il parvient à se glisser dans une pièce. Là, en allumant une bougie, le jeune homme a le souffle coupé. Des centaines de cierges sont disposés sur des tablettes et les murs sont tapissés de livres. Des éditions récentes, d'autres plus anciennes, quelques illustrations en couleurs, et des partitions musicales. Que font-elles là ? se demande Casavant. Il approche sa lampe et constate que, comme celle du compositeur inconnu découverte par Augustin Lavallée, chacune des partitions a été amputée de sa première page.

Incapable de résister à la tentation, Casavant prend quelques cahiers de musique et les enfouit dans sa veste. Puis il quitte la cachette et regagne son atelier.

Au courant des ennuis que connaît Ducharme depuis quelque temps, Casavant décide de garder le silence sur sa découverte. Si le clergé apprenait que son curé, loin d'être en odeur de sainteté par les temps qui courent, lit en cachette des livres proscrits, son avenir à Sainte-Thérèse serait sérieusement compromis.

C'est à cette époque que Joseph-Eugène Guigues, évêque de la toute nouvelle paroisse de Bytown, petite ville se trouvant au-delà de la rivière des Outaouais, vient rencontrer Joseph Casavant dans son atelier.

Ce monseigneur Guigues est investi d'une grande mission : répandre le catholicisme dans l'ouest du Canada. Derrière la décision de mettre Mgr Guigues à la tête de la paroisse de Bytown, on trouve encore une fois Ignace Bourget. Au cours de son deuxième voyage en Europe, en 1846-1847, le grand manitou de l'Église a obtenu les autorisations nécessaires à la nomination de ce prêtre venu de France. Les gens des chantiers et les Indiens du Haut-Canada sont de «véritables brebis égarées de la Maison d'Israël» comme il l'écrit au supérieur des Oblats pour lui faire prendre conscience de l'importance d'un tel épiscopat. Mgr Guigues lui répond: «Vous me montrez un champ fertile à cultiver, me serait-il permis de vous refuser d'y travailler?»

Or, dans son esprit, une si noble mission passe d'abord et avant tout par une cathédrale où un grand orgue se fera entendre. Et pour le faire construire, pourquoi pas un facteur canadien? Le plus connu est Samuel Russel Warren, dont l'entreprise établie à Montréal depuis 1836 a beaucoup de succès. Mais il a un défaut de taille: c'est un protestant. Casavant est peut-être moins connu, mais il incarne à merveille le nouveau catholique francophone.

Guigues demande donc à Joseph Casavant de construire dans son atelier de Sainte-Thérèse l'instrument qu'il désire faire résonner dans sa cathédrale. Quand le facteur aura terminé la confection des pièces, on transportera le tout à Bytown où il sera hébergé avec ses assistants pour le temps nécessaire à l'installation.

La commande est de taille. C'est le premier grand orgue de cathédrale qu'on demande au facteur maskoutain et on viendra de très loin pour en évaluer la sonorité. Les fonds disponibles sont importants. C'est l'occasion pour lui de mettre à profit des connaissances d'organier qui arrivent à maturité.

Au bout de quelques jours de réflexion et d'insomnie où Casavant doute de lui, car il demeure surpris que cette aventure l'ait mené si loin, il accepte. Après tout, cette proposition tombe à point. Casavant se sent en quelque sorte à la croisée des chemins dans sa vie professionnelle. Il a fabriqué une dizaine d'orgues, dont le plus réussi, celui de la paroisse de Saint-Martin-de-Laval, lui a valu un concert d'éloges. Au collège de Sainte-Thérèse, on peut dire que l'apprentissage est terminé. L'heure du grand défi a sonné.

À partir de 1848, Casavant consacre donc toute son énergie à l'orgue de la cathédrale de Bytown. Dans cet instrument à trois claviers qui comptera plus d'un millier de tuyaux, le facteur mettra tout son savoir et tout son art. Il a trouvé le bon dosage de plomb et de zinc pour que ses pièces résistent au climat difficile du Canada. Et une colle spéciale permet aux tuyaux de bois de bien supporter les rigoureuses saisons. Casavant tâche également de mettre au point une technique permettant de faire jouer simultanément deux ou trois claviers, comme si autant de paires de mains manœuvraient l'instrument.

« Ce sera mon plus grand orgue, se dit-il. On viendra le voir et l'entendre de Chicago, de New York. Il fera vibrer les murs de l'église. Et dans cent ans, il jouera encore. »

∞

Entre-temps, Ducharme continue de perdre l'assurance qui faisait de lui un personnage si fier. Autour de lui, les alliés se sont raréfiés et on lui a retiré ses derniers pouvoirs afin de les confier à Joseph Duquet, pressenti pour être le prochain supérieur du Petit Séminaire.

Abandonné, amer, Ducharme se résigne en 1849 à donner sa démission à l'évêché. S'il demeure curé de la paroisse, il n'a plus droit au bureau où il a passé trois décennies à décider du sort du collège. Il n'a même pas pu garder sa chaise de style Empire dont le rembourrage a épousé le galbe peu commun de son fessier. Pour tout pied-à-terre, on lui octroie une chambrette annexée au pensionnat. Les seuls moments où il remonte quelque peu dans son amour-propre, ce sont les soirs de fête, quand on l'invite à l'estrade d'honneur.

En désespoir de cause, il écrit à l'évêque : « Je suis coupable à vos yeux de fautes que je n'ai jamais eu l'occasion de commettre. Vous me punissez avec rigueur et sur le seul témoignage de personnes trompées ou trompeuses. Ces gens, avant tout, sont mal intentionnés à mon égard. Depuis trois ans, on a, sans cesse, soulevé les passions contre moi-même et mon œuvre. L'argent que j'ai dépensé et dont j'avais le droit de disposer puisqu'il m'appartenait en propre, ne l'a pas été pour de la débauche, ainsi qu'une de vos lettres, Monseigneur, semblerait le laisser penser, mais bien pour aider quelqu'un qui le méritait.»

Un jour, Casavant le voit, par la fenêtre de son atelier, entrer dans le hangar du jardinier et en ressortir après quelques instants. «Mais qu'est-ce qu'il fabrique?» se demande l'artisan. Sa démarche semble embarrassée, comme s'il voulait cacher quelque chose. Au moment où Casavant s'apprête à revenir à son ouvrage, une bouteille d'eau-de-vie glisse de la soutane du curé et se fracasse sur le sol. Ducharme, intimidé, jette un coup d'œil autour de lui, pousse du pied les débris de verre dans le fossé et revient en courant vers le hangar où il s'empare d'une nouvelle bouteille.

Aussitôt, le souvenir de l'épisode du «tonnerre en marche» remonte à la mémoire de Casavant. Il comprend alors que Ducharme avait puni les étudiants pour avoir gaspillé son alcool bien caché, non pour des raisons morales. Sa réserve avait disparu, voilà pourquoi il était en colère.

Ce soir-là, Ducharme convoque Casavant dans sa chambre. Celui-ci obéit sans hâte, s'attendant à trouver le vieux curé dans un état d'ivresse avancé. Ducharme a les traits tirés et le teint pâle, mais pas plus que d'habitude. À peine si son haleine le trahit.

— Casavant, dit-il, j'ai quelques secrets à vous confier avant que vous ne nous quittiez pour l'Ouest où les protestants et agnostiques de tout poil vous feront la vie dure. J'ai connu ces ennemis mais je dois dire que les pires sont venus de ma propre confession.

Casavant ne sait que dire. Le vieux curé fait une pause. Il tâche de se ressaisir: faire ainsi l'étalage de ses récriminations n'est pas très élégant et il le sait.

Casavant a alors envie de lui dire qu'il sait tout, qu'il a découvert sa cachette et vu ses livres interdits, ses cierges innombrables. Mais il n'ose pas. Si une confidence doit venir, elle viendra de lui, se dit-il. Mais Ducharme garde le silence à ce sujet.

— Casavant, reprend-il après un moment, pourquoi ne vous êtes-vous jamais marié?

L'interlocuteur est abasourdi. Il ne sait que répondre. Il cherche une issue, n'importe quoi:

— Parce que je suis un solitaire et qu'aucune femme ne veut d'un homme comme moi.

Casavant va de surprise en surprise. Il tâche de détendre l'atmosphère. Il parle de son contrat à Bytown, une ville où on souhaite attirer des centaines de nouveaux convertis. Il dit que les Indiens, nombreux dans cette région, sont peut-être d'excellents candidats.

Pendant qu'il parle, les yeux de Ducharme dévisagent Casavant. En les apercevant, petits et vitreux, au creux de leurs orbites, ce dernier est intimidé.

Le prêtre invite son ancien étudiant à le suivre dans un endroit «unique, imprévisible» — probablement sa cachette, se dit Casavant qui accepte, après une courte hésitation, de l'accompagner. Après tout, que risque-t-il? Il est bien capable de se défendre contre un vieux grincheux en perte de vitesse. Et puis il brûle de savoir qui est ce compositeur inconnu dont l'œuvre fascinante continue de le séduire. Seul Ducharme peut lui dévoiler ce mystère…

Les deux hommes sortent du collège et font semblant de se promener jusqu'à ce que soient passés les derniers flâneurs. Il leur faut attendre qu'il n'y ait plus personne du côté de la haie. Ducharme prend alors les devants, et fait signe à son invité de le suivre.

Une fois dans la pièce sur laquelle débouche le couloir sombre, le curé allume prestement ses cierges. Casavant remarque qu'il tremble légèrement. Très rapidement, le lieu se réchauffe, et l'éclairage aux bougies donne un air cérémonial à la scène.

— Voici mon intimité, confie le curé Ducharme. C'est ici que se trouve l'envers du décor, l'antre de mon alter ego. Approchez-vous de moi.

Casavant obéit, méfiant.

Puis il sent la main de Ducharme sur la sienne. Il tâche de lutter contre le malaise qui l'envahit, mais ne retire pas sa main.

— Laissez-vous aller, mon fils, dit le curé. Mettez-vous à l'aise. Ici, tout est permis.

Casavant a la gorge sèche. Il enlève sa main et tente de créer une diversion, mais le curé s'approche encore et lui caresse le genou. C'en est trop pour Casavant.

— Cessez ! dit-il. Ainsi donc, c'est cela. Vous aimez les hommes.

— Non, je n'aime pas les hommes. C'est vous qui me bouleversez. C'est différent. Depuis que je vous ai vu arriver avec votre pauvre valise et votre espoir insensé de devenir pianiste, vous me remplissez d'émoi tous les jours. J'ai gardé le silence sur tout cela jusqu'à maintenant. Laissez-moi m'approcher de vous.

Casavant regarde son mentor dont les lèvres tremblent. Il ressent une grande pitié mais ce sentiment est mêlé d'un intense dégoût.

Le curé Ducharme tente sans malice de calmer le malaise de son invité. Il raconte quelques anecdotes de son enfance dans une famille de commerçants.

— On me promettait un bel avenir, dit-il. Je n'étais pas le meilleur de ma classe mais je savais me débrouiller. Et voyez aujourd'hui. On m'a donné des décorations. Regardez celle-ci : la médaille du mérite, remise au cours d'une cérémonie donnée par le cardinal lui-même. J'ai même failli être évêque de Montréal.

En écoutant ces propos, Casavant réalise que Ducharme, satisfait de sa vie professionnelle, ou ce qui en tient lieu à l'intérieur de l'Église, a négligé l'homme en lui, l'homme de chair et d'os. Celui-là aurait bien aimé avoir un complice, un ami avec qui partager intimité, chaleur et tendresse. Il lui vient l'impression très nette que le prêtre aurait échangé sans hésiter, à cet instant précis, toutes ses réalisations, toutes ses médailles, pour serrer quelqu'un dans ses bras.

— Bon, eh bien je crois que je vais y aller, maintenant, balbutie-t-il après un instant.

Ducharme n'essaie pas de le retenir. Il garde les yeux baissés et fait promettre au jeune homme de ne rien dire de ce qu'il a vu et entendu à cet endroit. Casavant donne sa parole. Après tout, c'est à lui qu'il doit sa carrière bien entamée.

Après un pas vers la sortie, il s'arrête soudain.

— Monsieur le curé, dit-il en pointant du doigt une pile de papier à musique, qu'y a-t-il sur ces imprimés?

— Ah! Ça, c'est un lot que j'ai acquis dans un marché aux puces de Montréal. Je l'ai acheté sans savoir quelle en était la valeur, mais je trouvais étrange qu'on ait arraché la première page de chaque partition. Depuis, j'ai compris. Les partitions sont d'un compositeur allemand du siècle dernier interdit dans nos églises car il était protestant. Le

propriétaire de ces feuilles compromettantes ne voulait pas avoir de problème s'il se faisait prendre en
leur possession. En arrachant la première page, il
pouvait toujours dire qu'il en ignorait l'origine. Vous
aimez cette musique?

— C'est ce que j'ai entendu de plus transcen-
dant.

— Vous avez du goût, Casavant. L'auteur de ces
pages a écrit la plus belle musique pour orgue, la
plus religieuse aussi, même s'il n'était pas catholique.
C'était un luthérien. Il s'appelle Bach. Jean-Sébastien
Bach. Vous devez savoir que l'orgue sans Bach, c'est
comme le théâtre sans Shakespeare ou la littérature
sans Voltaire. Beau, mais sans Himalaya…

L'orgue de chœur de la cathédrale d'Ottawa installé par les fils Casavant en 1891. Il est possible que les tuyaux de la partie supérieure gauche soient l'œuvre de Joseph Casavant.

4

1850-1860 : *Gloire et solitude*

L e 18 février 1850, Casavant prend le chemin de Bytown avec ses aides afin d'installer l'orgue dans la cathédrale de la paroisse fondée deux ans plus tôt. Un travail de quelques semaines si tout se passe bien. Mais les nouvelles circulent vite, et aussitôt qu'on apprend la venue du célèbre organier, d'autres clients décident de faire appel à ses services. Résultat : avant de mettre le pied dans sa nouvelle ville, Casavant a deux orgues de plus à construire.

À cette époque, la Province du Canada compte 2,4 millions d'habitants et s'étend sur quelque 1600 kilomètres entre Gaspé et Sarnia. Bytown chevauche en quelque sorte le Haut et le Bas-Canada. La rivière des Outaouais qui traverse la ville forme la frontière naturelle et désignée entre ces deux régions.

La petite équipe de constructeurs d'orgues s'est enrichie des talents de Damis Paul, un jeune organiste du collège de Sainte-Thérèse. Joseph croit avoir trouvé en lui un digne remplaçant d'Augustin Lavallée comme organiste de service.

Joseph, en route pour le Haut-Canada, repense à la dernière discussion qu'il a eue avec Augustin.

— Tu sais, Joseph, moi je ne peux pas me nourrir que de rêves et de souvenirs, lui a lancé son ami. Il est temps que je jette l'ancre. J'ai envie d'une famille, d'une maison solide et d'un avenir sérieux. Et je ne te le cache pas, j'ai bien envie d'une petite femme à chatouiller, à taquiner. J'ai hâte de lui jouer des berceuses, le soir.

«Une femme à chatouiller. Quelle idée! C'est vrai que ma vie aurait été bien différente si je l'avais épousée», chuchote Joseph pour lui-même, revoyant en un éclair le visage d'Héloïse alors que son attelage file sur le chemin de neige.

Pour se rendre à Bytown, Casavant n'a pas eu le choix des transports. La voie ferroviaire entre Montréal et Toronto est encore à l'état de projet, un projet qui paraît bien ambitieux à la plupart des colons. Quant à la navigation, elle est évidemment paralysée par les glaces entre Montréal et le canal Rideau.

Dans le convoi qui s'achemine vers l'ouest, plusieurs voitures tirées par de puissants chevaux ont été réservées pour transporter les caisses d'outils de forge et d'ébénisterie ainsi que l'orgue de la cathédrale de Bytown. Celui-ci est en pièces détachées, réparties dans une cinquantaine de caisses numérotées. Mais la route est difficile et il fait un froid de canard; on doit s'arrêter plusieurs fois pour laisser souffler les bêtes. Au cours d'une de ces haltes, dans une auberge des environs de Montréal, Casavant prend place près d'un homme d'une trentaine d'années aux larges favoris, qui s'apprête lui aussi à se restaurer. À force de toiser ce personnage singulier, vêtu comme un bourgeois mais avec un béret un peu extravagant, il attire son regard. Une conversation s'engage. Le jeune homme est enchanté de rencontrer un constructeur d'orgues.

— Et vous, demande Casavant, quel est votre travail?

— Peintre, cher monsieur. Et, croyez-le ou non, j'arrive à en vivre. J'ai grandi à Québec, mais il y a quelques années, je me suis installé à Montréal afin d'exécuter les commandes des membres du Parlement du Canada-Uni. Tous veulent avoir leur portrait. Mais à la suite de l'incendie du Champ-de-Mars[1], l'Assemblée déménage à Toronto, je vais

1. Les incidents dont il fait mention font suite à une loi votée par la Chambre du Canada-Uni en 1849, afin d'indemniser les citoyens ayant subi des pertes durant les rébellions de 1837-1838. Répondant à

donc m'y installer. Mais je vous assure que si cela ne me plaît pas, je reviens à Québec avant un an !

Théophile Hamel est un peintre très en vue à cette époque, peut-être le plus célèbre du pays. Deux de ses œuvres récentes, *Jacques Cartier* et *Le Typhus*, une commande de l'évêque de Montréal, ont connu un succès immédiat et retentissant. Malgré son jeune âge, le peintre a une carrière bien entamée : après s'être fait connaître dans la région de Québec, il est parti étudier en Europe dans les villes dont les noms à eux seuls font rêver : Anvers, Paris, Rome, Florence, Venise...

À l'issue de cette rencontre brève mais chaleureuse, le peintre invite l'artisan à venir le rencontrer, une dizaine de jours plus tard, dans un salon bourgeois de Bytown. On y organise une exposition où quelques-unes de ses œuvres seront présentées.

— Je serais ravi de vous revoir, conclut le peintre en lui tendant une petite carte. Dites que vous êtes mon invité. Je vous présenterai à quelques personnes importantes de votre nouvelle ville.

Alors que le convoi reprend la route, le voyageur réfléchit : peut-être devrait-il, lui aussi, aller

l'invitation de la *Montreal Gazette*, mille cinq cents personnes en colère, surtout des marchands britanniques, se réunissent devant le Parlement, au Champ-de-Mars. Révoltés contre cette politique — ils disent que l'indemnité est une «prime à la révolte» — ils mettent le feu aux édifices du Parlement, qui devra temporairement déménager en des lieux plus cléments.

étudier en Europe où de grands facteurs comme Aristide Cavaillé-Coll sont en train de révolutionner son art. Malheureusement, c'est impossible. La seule pensée de passer trois semaines en mer l'horripile. Même si des vapeurs font la traversée en moins de quatorze jours, la plupart des voyageurs ordinaires sont entassés au fond des cales, dans des conditions effroyables. Il faut vraiment être fortuné ou être fou pour aller dans les vieux pays. Et, de toute façon, ce n'est pas le moment de partir étudier, à quarante-trois ans...

La question de l'âge commence d'ailleurs à tourmenter l'homme. Les fantaisies de la jeunesse ont cédé le pas à un besoin de stabilité. Dans le miroir, il voit ses chairs s'amollir, ses cheveux devenir épars, ses rides se multiplier sur son front. Peu à peu, il prend conscience que certains de ses projets mourront avec lui.

C'est dans cet état d'esprit qu'il débarque à Bytown. Insigne honneur pour l'ancien forgeron, Mgr Guigues l'accueille à bras ouverts avec ses compagnons. Pour leur souhaiter la bienvenue, il leur offre un repas de prince. Durant la soirée, tandis que des manutentionnaires embauchés pour l'occasion débarquent la marchandise, l'évêque leur parle de la ville.

— Ne soyez pas intimidés dans cette ville. Elle peut vous sembler un peu anarchique par moments. Vous verrez certainement des batailles en pleine rue entre les différentes communautés. C'est une très jeune municipalité composée surtout de commerçants et de coureurs de bois qui font halte au milieu de leurs périples nordiques. Ici, les bûcherons profitent de leurs congés en se noyant dans le rhum. Pour les coureurs de bois en route vers les postes de traite disséminés le long de l'Outaouais et jusqu'à la baie James, Bytown est une halte appréciée.

— Qu'entendez-vous par batailles? demande Damis.

— Disons, reprend l'hôte, que la ville n'est pas de tout repos. J'ai été témoin à quelques reprises d'échauffourées comptant jusqu'à vingt personnes. Elles ont lieu surtout les soirs de fête où le whisky coule à flots. Croyez-moi, les haches virevoltent. Même un homme d'Église ne peut arrêter ces barbares.

L'évêque Guigues fait un geste de découragement. La population de Bytown compte un bon nombre d'immigrants d'origine irlandaise qui ont fui leur pays durant les *hungry forties*[1], une décennie où la pauvreté a fait des ravages. Ces immigrants tentent de se refaire une vie par tous les moyens. Chevauchant deux cultures, ils sont les alliés des francophones du côté de la foi (ce sont des catholiques) et ceux des anglophones du côté de la langue.

1. La décennie 1840 a été marquée par la famine en Irlande. Cela poussait les gens à fuir le continent par bateau.

Au cours d'un conflit opposant bûcherons irlandais et canadiens, vers 1830, la ville s'est transformée en un véritable enfer. Environ trois cents Irlandais appelés *Shriners*, derrière leur chef Peter Aylen, un dur de dur qui démolissait les radeaux de ses concurrents et attaquait leurs employés, faisaient si peur que même la police ne s'en approchait pas.

— Oh, vous savez, nous ne sommes ici que pour construire des orgues, lance finalement Casavant, tombant de sommeil.

Voyant que son petit cours improvisé sur la ville ne passionne pas son auditoire, le curé y met fin aussitôt et fait conduire les voyageurs à leur chambre.

À son arrivée dans ses quartiers, Casavant a une seule idée : se mettre au lit. Comme Flavien et Damis qui sont déjà sur le point de ronfler dans la chambre d'à côté, il se sent loin de tout, comme dans un autre pays.

Comme pour ajouter à la morosité du temps gris, les premiers jours en Haut-Canada sont marqués de petits ennuis. Les trois hommes ont du mal à mettre de l'ordre dans les pièces de leur instrument, et la mise en place d'un atelier de fortune retarde leurs travaux. Mais tout est rétabli à la fin de la semaine. L'installation peut enfin commencer.

Cette étape de la facture peut être relativement simple, car l'assemblage a été réalisé une première fois dans l'atelier du facteur. Avec l'organiste, on procède à l'harmonisation; on calfeutre les brèches importantes, établit la registration, ajuste les tuyaux et les touches. Puis on démonte le tout en prenant bien soin d'identifier chaque pièce et chaque caisse en prévision du moment où on placera l'instrument sur son socle définitif. De cette manière, pas de surprises possibles dans l'église. Si on a bien pris les mesures et qu'on n'a pas fait d'erreur de calcul, tout le travail consiste à assembler le tout. C'est long, mais simple.

De chaque côté du lutrin, que le visage d'un ange-lot semble observer, Flavien Turgeon a sculpté, dans un bois de chêne massif sans le moindre nœud, deux petits bas-reliefs. Ils se composent d'instruments de musique déposés sur un lit de feuilles. Un autre petit bouquet et quelques autres instruments (une lyre, un cornet et une flûte) sont disposés au-dessus des tourelles, elles-mêmes soutenues par de petits hommes pliant l'échine. Quelques enjolivures complètent l'ouvrage, poncé et verni avec soin. Un travail admirable qui a occupé l'ébéniste pendant plusieurs mois.

Flavien n'en parle pas mais il a prié plus fort que les autres pour que les calculs soient justes. Car on a déjà dû scier certaines des plus belles pièces au moment d'installer l'instrument. L'organier avait sous-évalué la longueur de la nef de quelques pieds et la pièce sculptée n'y rentrait pas!

Casavant apprécie à sa juste valeur le travail de son artisan, car il sait que l'apparence de son orgue contribue à sa majesté. C'est comme la quasi-totalité des tuyaux qu'on aperçoit en façade : ils ne produisent pas le moindre son mais jouent un rôle essentiel. Ce sont eux que les gens «entendent» quand ils jettent un coup d'œil par-dessus leur épaule pour admirer l'instrument. Le meuble de l'orgue est une œuvre d'art en soi. Casavant loue le ciel d'avoir croisé le chemin d'un artiste de la trempe de Flavien Turgeon.

En ces derniers jours de février 1850, l'organier est dans un état de grande fébrilité. Il dort moins de quatre heures par nuit et fait constamment la navette entre la cathédrale et la chambre où il loge.

Souvent, pendant que Damis Paul touche l'orgue et que le facteur est dans les entrailles de l'instrument à accorder les tuyaux, c'est l'organiste qui doit aller pomper la manivelle pour regonfler la soufflerie. Il revient alors au pas de course et s'installe au clavier.

— Donne-moi un accord de *mi* avec le cornet, lance Casavant depuis l'intérieur de l'orgue. Si un accord lui déplaît, il peut reprendre un jeu complet et n'hésite pas à réveiller Flavien s'il s'agit de tuyaux de bois.

— Ce jeu est trop sec, dit-il alors. Il faut trouver un moyen de le faire sonner mieux que ça.

Quand il a terminé une section, il sort de l'orgue, descend du jubé et va s'asseoir dans l'église pour entendre le résultat. Plus d'une fois, on retrouve les deux hommes endormis, la soufflerie aussi dégonflée qu'eux, au petit matin.

Entre-temps, personne, pas même le père Guigues, n'a l'autorisation de mettre les pieds dans l'église. On veut réserver la surprise pour le grand soir. Ce n'est jamais gagné avant le tout dernier instant, quand la présence des paroissiens sur les bancs modifie la transmission des sons. À ce moment-là seulement, on peut juger de la qualité de l'acoustique. Quand l'église est vide, le son est désincarné, la réverbération, trop importante.

La fébrilité est à son comble pour une autre raison. Casavant a inventé un système d'accouplement des claviers. Grâce à ce système, c'est comme si deux organistes jouaient en même temps. Joseph s'est inspiré d'une invention similaire réalisée par l'organier Charles Barker, mais son principe est plus simple, donc plus sûr car il diminue les risques de défectuosités mécaniques.

Au début du mois de mars, les derniers tuyaux sont ajustés, à la satisfaction de Casavant. Le délai est respecté. L'inauguration aura lieu comme prévu le 7 mars 1850.

Les jours précédant ce moment important, même s'il est satisfait de son travail et qu'il a la conviction d'avoir réussi son plus bel instrument, Joseph Casavant est anxieux: que se passera-t-il si on juge mal cet orgue? Des experts viendront des

États-Unis et d'ailleurs pour l'entendre. S'ils le trouvent mauvais, non seulement son nom sera terni mais ceux de Bytown et de l'évêque Guigues le seront également.

Et puis la solitude lui pèse plus qu'autrefois. Fréquemment, des souvenirs du bourg de Maska lui reviennent en mémoire. Il n'a pas revu ses coteaux depuis le jour de 1834 où il est parti sans regarder derrière lui. Même après tout ce temps, la patrie ne s'oublie pas.

Quelques personnes de sa famille lui ont écrit, mais la plupart des lettres sont restées sans réponse. Il pourrait bien aller s'installer sur cette terre que le seigneur Dessaulles lui a concédée, près de vingt ans plus tôt. Mais non, il n'en est pas question. Un serment est un serment. Tant que son père sera en vie, Joseph ne retournera pas à Maska.

Durant les jours suivants, on aperçoit Casavant marcher, seul, dans les rues de Bytown. Flavien, qui se plaît bien dans cette ville, ne reconnaît plus son ami de Sainte-Thérèse.

— Comprends-moi et ne m'en veux pas, Flavien, lui confesse-t-il. J'ai peut-être trouvé une certaine reconnaissance professionnelle, mais je n'ai pas trouvé le bonheur.

Il s'imagine bêtement destiné à parcourir le pays de village en village et d'église en église, construisant des orgues sur commandes mais sans jamais trouver de port d'attache. Un endroit où «jeter l'ancre» comme dirait Augustin.

Habité d'une ferveur religieuse peu commune, Casavant va plusieurs fois se recueillir dans la petite église d'Aylmer, loin de la cathédrale de Bytown. Dans ses prières, il met l'espoir qu'il ne retrouve pas dans sa vie...

Ces méditations le pacifient. Si bien qu'un beau jour, au lieu de se diriger vers l'atelier, il revient dans sa chambre, sort un écrin et prend une grande respiration. «Quand la montagne ne vient pas à soi, on va vers la montagne», chuchote-t-il alors que la plume commence à glisser sur le papier.

Et dans la longue lettre qu'il écrit à son père, il avoue qu'il ne saurait vivre plus longtemps sans les coteaux de Maska et les flots de sa rivière. Il laisse même entendre qu'il veut bien se réconcilier avec lui, effaçant ainsi vingt années de silence et de rancœur.

En cachetant l'enveloppe, Joseph se sent soulagé. C'est alors qu'il aperçoit sur sa table de chevet la petite carte que lui avait donnée le peintre Théophile Hamel lors de leur rencontre, près de Montréal.

— Bon Dieu! mais c'est ce soir! dit-il.

Le temps d'une toilette rudimentaire, Joseph est prêt. Il fait venir un cabriolet et lance au cocher:

— Chez M. Lyndon Hall, je vous prie.

Ce M. Hall est un ancien militaire devenu négociant prospère. Dans son immense salon, il a aménagé une galerie d'art où, une fois par année, il expose des œuvres acquises d'un bout à l'autre du pays. Certains artistes, dont Théophile Hamel, en profitent pour exposer quelques tableaux dans le but de les vendre. À l'arrivée de Joseph, il y a foule. On dirait que tout le Haut-Canada se presse autour des œuvres. Le facteur d'orgues réalise qu'il est l'un des seuls à ne pas parler la langue de Shakespeare. Un valet s'approche et lui offre, sur un plateau, un verre de vin. Il l'accepte en cherchant le peintre des yeux. Debout dans un coin de la pièce, il essaie de se fondre dans le décor.

Pas de trace de Théophile Hamel. « J'espère qu'il viendra tout de même », se dit Joseph en sirotant son verre. En tendant sa coupe au valet qui s'approche avec une nouvelle bouteille, il remarque que ses mains sont crasseuses. Ce sont les mains d'un artisan. Il est gêné. Il a envie de partir. Il jette un œil autour de lui. Sur un immense mur sont disposées des peintures de tous les formats présentant les sujets les plus divers : portraits, natures mortes, paysages. Au niveau des yeux, on a accroché les œuvres des artistes les plus connus : George Heriot, Thomas Davies, James Cockburn, Joseph Légaré et Cornelius Krieghoff. Si on se base sur cette règle, raisonne Casavant, Théophile Hamel n'est pas très

coté par ici car son *Autoportrait au paysage* est plutôt près du plafond.

Légèrement étourdi par le vin, la chaleur du
lieu et le bruit des gens, le visiteur se laisse impré-
gner par les œuvres. Les couleurs des toiles le trans-
portent, et les menus détails des portraits — la forme
d'un collet ou d'un manchon, ou même la texture
donnée au tissu — l'ébahissent.

Il se laisse porter tranquillement d'une œuvre à
l'autre et s'abandonne quelques instants dans chaque
univers. Puis il lève les yeux vers une toile accrochée
plus haut...

Aussitôt, son sang se glace dans son dos et il a le
souffle coupé. Là, sur cette peinture, est assise la
femme dont il rêve depuis ses dix-sept ans ; elle a un
regard mystérieux et des lèvres fines, sans sourire, et
tient dans sa main une rose flétrie. Sur le dossier de
la chaise est écrit « T. Hamel ». C'est le *Portrait d'une
jeune femme à la rose*.

« Héloïse », dit tout bas Casavant. Un sourire lui
vient aux lèvres quand il pense à l'enfant secrète qu'il
a connue et dont seul le visage a changé légèrement.
L'attitude, la posture, les yeux impénétrables n'ont
pas vieilli, eux. Il la regarde enfin. Il observe ses cheveux bouclés tombant près de ses épaules menues,
ses manches bouffantes, la dentelle sur le chemisier.
Toutes ces douceurs de princesse lui vont à ravir.
Certes, pense Casavant, ce n'est pas une déesse aux

lignes parfaites. Son visage est celui d'une fille de la campagne. Elle a un charme discret, délicat, et sa grâce n'est pas celle des nobles.

Alors qu'il scrute attentivement chaque partie du tableau en avalant sa salive, Joseph sent une main se poser sur son épaule.

— Vous savez, ce n'est pas mon tableau le plus réussi, dit le peintre en lui souhaitant la bienvenue.

Mais en voyant les yeux humides de Casavant, Théophile Hamel baisse les siens. Son invité semble ému par sa toile et c'est pour lui un compliment. Puis le Maskoutain se ressaisit et s'informe de l'origine de cette toile.

— Il y a dix ans, un commerçant de Québec me l'a commandée, explique l'artiste. C'est sa fille qui figure ici. Malheureusement, le chenapan a fait faillite avant de me payer et a disparu. Le tableau fait partie, depuis, de ma collection personnelle.

Casavant, le vin aidant, passe finalement une excellente soirée et se fait un plaisir d'inviter Hamel à une autre célébration artistique.

— Mais moi, mon art, c'est la musique, vous le savez bien.

∞

Le 7 mars 1850, on se presse à la cathédrale de Bytown pour l'inauguration de l'orgue. C'est le chef-d'œuvre de Joseph Casavant : mille soixante-trois tuyaux dont neuf cents en zinc et en plomb, les autres en bois. Il compte trois claviers de cinq octaves chacun. Quelque mille cinq cents personnes assistent à la bénédiction de cet instrument qu'on dit être le plus majestueux du continent.

— Le vrai, le beau, le bien. C'est la résonance, l'accord parfait de la trinité sainte sur le clavier de l'âme humaine, lance l'évêque Guigues du haut de sa chaire. C'est la vibration immatérielle où s'éveille et se reconnaît un esprit venu d'en haut. Car l'âme est une vibration. À vrai dire elle n'est que cela. Elle est la note harmonieuse de Dieu sur les parois des sens.

À l'issue de son long sermon, le prêtre bénit l'orgue dans un geste empreint de solennité. Damis Paul est inspiré. Il joue avec maîtrise et sensibilité. L'organiste de vingt-trois ans a l'impression de vivre un moment important. L'orgue qu'il inaugure a la personnalité du pays : il est massif comme un cap rocheux, fier comme un orme et il a le souffle du vent nordique. Ses notes remplissent la nef et semblent posséder le pouvoir, à certains accords, de soulever l'église.

Après la première fugue, le public se lève d'un bond et acclame l'œuvre, l'interprète et l'organier.

Le 9 mars, un journal local, *The Packet*, publie un texte louangeant le «triomphe d'un talent canadien». On y lit que les «sons graves et majestueux de ce bel instrument» ont ému l'assistance. L'auteur affirme avoir «éprouvé à l'âme quelque chose qu'on ne saurait décrire».

Désormais, Casavant est bien vu à Bytown, où il surclasse les facteurs américains et ontariens. Et l'orgue aura une très bonne réputation. «Tout le monde admire son œuvre, et on l'admire d'autant plus que l'on conçoit les difficultés qu'il a dû surmonter pour arriver au point où il se trouve», écrit Mgr Guigues à Mgr Bourget.

C'est vrai que Casavant est un brave homme. Au retour de la cérémonie de l'inauguration, il rencontre la mère supérieure des Sœurs de la charité, Élizabeth Bruyère. Cette petite femme qui a accompli beaucoup pour les déshérités de Bytown se montre sincèrement heureuse des succès du facteur de passage.

— J'ai entendu dire que vous n'aviez pas d'orgue dans votre chapelle, lui dit Casavant.

— C'est juste, monsieur. Nous n'avons malheureusement pas les moyens de nous en payer un. C'est dommage. Une église sans orgue, ce n'est pas une église.

— Eh bien je vais vous en faire un, moi!

Joseph lui propose de le lui construire pour presque rien : elle ne paiera que les matériaux et l'hébergement de son équipe réduite à trois personnes (Damis Paul est retourné à Montréal, mais un ouvrier le remplacera).

Mère Bruyère, qui est très économe, veut quand même savoir dans quoi elle s'embarque. Elle demande à l'évêque ce qu'il pense d'une telle offre.

— Acceptez tout de suite, répond Mgr Guigues. Jamais ne verrez-vous passer pareille aubaine.

Le contrat pour la construction de cet orgue estimé à 150 louis est signé peu après. Le soir, on ne parle que de ça au couvent. Une des religieuses écrit : « Nous aurons à lui payer cinq ou six piastres pour la façon du clavier qu'il doit faire faire à Montréal et lui fournir ou payer le plomb. Nous nous obligeons à le nourrir avec ses deux hommes durant le temps qu'il mettra à faire trois orgues : un pour Aylmer, l'autre plus petit pour un particulier et le troisième pour nous, de les blanchir et raccommoder, de les coucher et chauffer leur boutique. De plus, tous les ans, de faire jouer sur l'orgue l'hymne de Saint-Joseph, le jour de la fête de ce saint pour M. Casavant. Si M. Casavant venait à ne pouvoir remplir sa promesse, soit par la mort ou autrement, il paierait pour lui et ses hommes une pension de sept piastres par mois. »

Finies les incertitudes. Casavant restera à Bytown, du moins pour les deux prochaines années...

Au cours des semaines suivantes, Casavant retrouve le sourire. Il fait des blagues et complimente les sœurs pour leur cuisine, ce qui n'était pas

arrivé depuis Mathusalem. Son enthousiasme trans-
paraît dans chacun de ses gestes. Il est plus moqueur
et plus dynamique que jamais. Ses amis se doutent
bien de quelque chose, mais ils se butent à son
mutisme complet quand ils le questionnent. Ou alors
il tourne tout en dérision.

On sait qu'une correspondance a repris entre le
patriarche de la famille Casavant et son fils, mais,
pour le reste, on est dans le brouillard.

Le train du Grand Trunk Railway dessert le
village de Maska, ou « Saint-Hyacinthe », comme certains préfèrent, depuis le printemps de l'année 1847.
Pourquoi ce petit bourg tranquille a-t-il une gare
alors que plusieurs villes importantes réclament en
vain le chemin de fer ? L'agglomération, située entre
deux grandes villes, tire tout simplement profit de sa
position géographique. Maska est même au centre
d'un triangle stratégique, pourrait-on dire, car les
Townshippers, habitants des Cantons de l'Est, font à
cette époque beaucoup de pression politique pour
attirer le train via Sherbrooke en direction de Port-
land.

Quand Joseph Casavant revient à Maska, seize
ans après son départ pour Sainte-Thérèse, il trouve
une toute nouvelle ville. Sur les chemins, les attelages

filent à vive allure. Le centre du bourg est en pleine effervescence. Sur la place du marché, on crie, on se bouscule, bref on négocie ferme. Là où il n'y avait que trois ou quatre maisons, il y a maintenant une rue complète. Les familles sont nombreuses. Des enfants, il y en a partout. On a construit plusieurs écoles.

La ville s'est étendue dans tous les sens. Sur la rue principale, on a construit une grande tannerie, et des cordonniers et artisans travaillant le cuir ont ouvert leur boutique autour. Une véritable industrie de la chaussure est en train de naître.

Aux premiers jours de mai, après un voyage sans encombre à cheval entre Bytown et Montréal et en train de Montréal à Maska, Joseph se dirige vers la maison paternelle.

La distance séparant la Grand Trunk Station, près de la rivière, et la maison de son père est plus courte qu'il ne l'avait prévu. À plusieurs reprises, il doit soulever son chapeau afin de saluer des gens. Le retour de Joseph Casavant ne passe pas inaperçu.

Cette entrée remarquée dans sa ville natale le comble d'aise. «Je m'étais dit que je reviendrais ici comme un musicien célèbre ou que je ne reviendrais pas, pense-t-il. J'ai presque réussi.»

Quand il franchit le seuil, sans frapper, son père est au salon.

— Père, dit-il, me voici.

En se retournant, Dominique Casavant trouve devant lui un homme droit et solide, avec dans les yeux petits mais clairs une expression d'assurance et d'accomplissement.

L'homme aux traits sévères, peu porté sur les témoignages d'affection, s'approche sans dire un mot, et empoigne son fils à bras le corps.

— Bienvenue chez toi, fils, finit-il par prononcer, la voix étouffée par l'émotion.

Le lendemain, dimanche, même le curé de la paroisse signale dans son homélie le retour d'«un de nos enfants qui a contruit des orgues dans plusieurs grandes villes». Joseph voit plusieurs têtes se retourner vers lui.

Après la messe, sur le parvis, un petit attroupement se forme autour de lui. Il y a les lointains cousins qui veulent lui parler, montrer la famille qu'ils ont fondée depuis son départ; il y a les camarades de classe qui ont vieilli sans changer de visage. Joseph a un bon mot pour chacun quand apparaît un vieil homme aux cheveux gris: Thomas Marchessault. Il le salue d'un large sourire et d'une bonne poignée de main.

— Qui aurait cru que mon apprenti serait un jour un des plus grands facteurs d'orgues du Canada-Uni, dit-il.

— Oh! monsieur Marchessault, vous exagérez. Je vous dois beaucoup, vous le savez bien.

La conversation s'engage. Mais du coin de l'œil, Joseph aperçoit à quelques pas du groupe une jeune femme au regard fuyant, coiffée d'une capeline. Elle reste à l'écart mais semble tendre l'oreille. Joseph est incapable de la reconnaître. « Sans doute une lointaine cousine », se dit-il.

À ce moment arrive d'un pas alerte un grand gaillard, souriant de toutes ses dents, tenant à son bras une femme forte à la peau laiteuse.

— Ma foi du Bon Dieu! s'écrie Joseph. Augustin Lavallée. Quelle incroyable surprise. Avec Mme Lavallée, je suppose.

Les retrouvailles sont bruyantes. L'ami du collège a ouvert une petite lutherie au centre du village. Il a coupé sa grosse barbe noire et a presque l'air d'un homme du monde.

— Nous sommes définitivement installés ici depuis un an, dit Augustin. Viens cet après-midi. Je te raconterai tout ça et je te montrerai ma maison. Je te présenterai mes enfants. Tous font de la musique.

Quand Joseph parvient à se soustraire de cette compagnie pour aller dîner, après avoir pris un petit remontant ici et là, midi a sonné. Chez son père, on a mis la table des grandes occasions. On a même tué un cochon. Pas de temps à perdre.

En rentrant chez lui d'un pas pressé, Joseph a de nouveau aperçu la jeune fille à la capeline qu'il avait remarquée sur le parvis de l'église. Au moment où ils se sont croisés, elle lui a lancé un petit regard gêné et lui a souri. Il répond à son salut. « C'est curieux. Je ne la reconnais même pas. Il faudra que je demande à Marie qui c'est. »

— Un bon parti même si elle n'est pas toute jeune, lui chuchote sa sœur aînée avec un clin d'œil, dans un coin de la cuisine. Plusieurs disent que c'est une vieille fille, moi je crois qu'elle regarde passer le train en attendant de sauter dedans. Mais fais-moi confiance, mon Jos, je garde le secret. Motus !

Chez Dominique Casavant, les frères et sœurs du héros du jour sont tous réunis avec leur marmaille. Treize personnes à table. Une date importante pour les enfants Casavant qui ne s'étaient plus retrouvés tous ensemble depuis la mort de leur mère. Une cousine de Joseph qui vit avec les Casavant, Ursule Laplante, et Marie, toujours célibataire, ont préparé les victuailles.

Après le repas, tandis qu'il se prépare à reprendre ses visites, Joseph pense à son vieil ami Augustin.

— Reviens t'installer ici, lui a-t-il suggéré. L'avenir est bon. Saint-Hyacinthe est prospère, dynamique et pourrait bien devenir un centre industriel. C'est la première ville du Bas-Canada à avoir le train. Une manufacture d'orgues, ça marcherait, j'en suis sûr.

Pour se rendre chez Augustin, Joseph doit emprunter la rue Bourdage et remonter l'avenue Girouard. Près de la rue Sainte-Anne, il ne peut s'empêcher de jeter un coup d'œil vers l'ancien manoir seigneurial. « Il paraît que les Dessaulles y habitent toujours », se dit-il.

Alors qu'il pose le pied sur un trottoir, trois enfants passent en courant près de lui en le bousculant légèrement. Derrière lui, une voix féminine se fait entendre.

— Charles, Marie et Louis. Faites attention. Vous avez failli renverser le monsieur.

— Ce n'est rien, madame, dit Casavant en se retournant.

Une femme âgée d'une quarantaine d'années, élégante, tenant une ombrelle à la main lui fait maintenant face.

— Héloïse Gagnon !... s'exclame Casavant. Décidément, c'est la journée des surprises.

— Euh... Dion. Héloïse Dion, répond la dame dont le visage s'illumine soudain. Bonté ! Joseph Casavant.

La conversation qui suit se passe vite. Trop vite. Quand il y repensera, Joseph regrettera les questions non posées et jugera ses remarques stupides et ses observations impertinentes.

Il apprend malgré tout que les trois enfants turbulents sont ceux de son amoureuse perdue. Elle a vécu quelques années à Québec et est revenue avec sa petite famille dans la région où elle a passé «les plus belles années de sa vie». Elle ne vit pas à Saint-Hyacinthe mais dans un village voisin. Elle vient à l'occasion passer quelques jours chez les Dessaulles. Ses enfants sont, dit-elle, ses «plus belles réussites». Quant à son mari, il est un prospère commerçant de cuir.

«Toutes ces années, et toujours ce même regard plein de mystères», se dit le forgeron en écoutant Héloïse raconter sa vie.

— Moi, eh bien, je suis facteur d'orgues, dit-il en marquant une pause, pour savourer l'effet.

Elle lui fait répéter. Elle n'a pas compris. Non, elle n'a jamais entendu parler de ses travaux.

— Vous savez, les orgues, je ne connais pas tellement ça! lui dit-elle.

Cette remarque le blesse profondément.

— Et le piano. Vous en jouez encore? reprend-il.

Héloïse regarde son interlocuteur sans comprendre. Puis elle éclate de rire.

— Le piano? Il y a vingt ans, je crois, que je n'ai plus touché à un piano.

Joseph sourit.

— Vous vous rappelez? Les cachettes dans l'orgue, les lettres parfumées, dit-il. Nous aurions pu être mariés aujourd'hui.

— Ha! Le destin, que voulez-vous! répond Héloïse qui a jeté un coup d'œil au-dessus de son épaule en entendant la voix d'un enfant, plus loin dans la rue.

— J'arrive, mes chéris, lance-t-elle.

Puis, en se retournant vers Joseph, elle ajoute:

— Quand je regarde mes enfants, je me dis que je suis incapable d'imaginer la vie sans eux.

La promenade de Joseph se poursuit dans une espèce d'engourdissement voisin de la fièvre. Ainsi donc, cette femme qui l'a fait rêver durant vingt ans a aujourd'hui trois enfants et l'a complètement oublié...

Et elle ne joue même plus de piano. Misère!

La visite chez son ami Augustin s'achève un peu abruptement. Joseph prétexte la fatigue du voyage et un horaire serré pour prendre congé de ses hôtes. Mais le subterfuge ne berne pas Augustin. «Il est peut-être amoureux, se dit-il. Ça serait une excellente chose.»

En vérité, Joseph est triste. Son monde s'écroule. Depuis son adolescence, il a entretenu un rêve qui n'a désormais plus de sens. Son espoir était une bouée, mais cette bouée a coulé à pic. La voix d'Héloïse résonne dans sa tête. «Le destin», a-t-elle dit d'une voix neutre.

Joseph a envie d'être seul. Il entre dans l'église et se dirige vers un banc du transept. Faisant mine de prier, il réfléchit à sa vie et se met à sangloter.

Une musique le tire de sa torpeur. Quelqu'un s'est installé à l'orgue. Après quelques mesures, il se sent mieux. Involontairement, son oreille juge l'acoustique, la qualité des tuyaux, le jeu musical. L'instrument n'a pas beaucoup de perspectives, estime-t-il, mais produit un son ample dans les basses. L'organiste, qui se croit seul, est en pleine répétition et reprend plusieurs fois les mêmes passages.

Incapable de résister à l'envie de voir le buffet de l'orgue pour le comparer aux siens, Joseph monte sans bruit l'escalier qui mène au jubé. Surprise : l'organiste est une femme.

Près d'elle, sur le banc, repose une capeline. C'est celle qu'il a vue un peu plus tôt devant l'église et dans la rue.

Aussitôt qu'elle aperçoit son visiteur, la musicienne sursaute et pousse un petit cri. Et ses yeux s'agrandissent encore quand elle le reconnaît.

— Euh ! Connaissez-vous Bach ? demande timidement Joseph.

Deux semaines après cette rencontre mémorable, Joseph est attendu chez Joseph et Françoise Sicard.

Marie-Olive, leur fille, s'est vêtue d'une robe bleue avec un col de dentelle et a fixé quelques fleurs à sa coiffure. La jeune femme, plutôt charnue, a un petit air songeur qui plaît intensément à Joseph. De ses yeux marron, elle le fixe d'un regard si intense qu'il doit baisser les yeux.

— Mademoiselle, dit-il après avoir repris ses esprits. Je suis ravi de vous revoir et vous êtes encore plus belle que dans mes souvenirs. J'ai trouvé difficile d'être si longtemps séparé de vous.

La jeune Marie-Olive ne dit pas un mot, rougit légèrement autour des pommettes tandis que ses parents surveillent la scène. Puis elle sourit et prend la main de son prétendant.

— Voyons donc, mon ami. Vingt ans sans me voir et vous ne souffrez pas, et voilà qu'après une petite semaine je vous manque ?

«Voilà qui est très bien», poursuit-elle dans sa tête. Elle aussi a beaucoup pensé à lui mais il serait malséant de le lui dire.

Les fiançailles ne tardent pas. Joseph ne s'est pas trompé quand il a eu l'impression d'avoir déjà vu Marie-Olive quelque part, car ils se sont effectivement croisés quand elle était toute jeune. Sa mère étant une Papineau, elle est une lointaine cousine de la famille Dessaulles.

— Vous m'avez dit un jour que j'avais un joli prénom qui vous rappelait celui de votre mère. J'avais trouvé cela aimable.

Au cours de longues promenades au bord de la Yamaska, ils parlent de leurs désirs les plus intimes, de leurs déceptions, de leurs craintes. Et de leurs souvenirs.

— Vous l'ignoriez mais j'ai beaucoup pensé à vous depuis que ma cousine s'est mariée, confie Marie-Olive. J'ai toujours pensé que nous nous reverrions.

— Le destin, dit simplement Joseph.

Le 18 juin 1850, après un échange discret de politesses, un petit groupe de personnes endimanchées se rend chez le notaire Papineau, de Saint-Hyacinthe, qui ouvre son grand livre : « Lesdits sieur Joseph Casavant et demoiselle Marie-Olive Sicard, note-t-il, ont promis de prendre l'un pour l'autre, pour mari et femme par loi et nom mariage, pour icelui faire célébrer en face de notre mère la sainte Église catholique. »

Le lendemain, le mariage a lieu, célébré par l'abbé Desnoyers à l'église de Saint-Hyacinthe-le-Confesseur. Les témoins sont le cousin de Marie-Olive, André-Augustin Papineau, sa tante, Louise Sophie Lebrodeur, et un ami, l'écuyer Maitland Porter.

La cérémonie et la réception qui suivent ne traînent pas en longueur : à peine les nouveaux mariés ont-ils commencé à prendre goût à leurs baisers empreints de pudeur qu'ils doivent partir pour leur voyage de noces. La semaine qui suit comble Joseph Casavant.

Conscient de la différence d'âge qu'il y a entre eux, Joseph ne brusque pas sa compagne. En bon musicien, il est capable de goûter les silences et n'est nullement gêné par le fait que sa femme demeure muette pendant des heures. Or, l'intimité s'installant, Marie-Olive s'ouvre peu à peu à son mari.

Quand le couple se dirige vers Bytown, quinze jours plus tard, Marie-Olive glisse à l'oreille de son homme qu'elle aimerait avoir des enfants.

— Je vous donnerai les héritiers que vous méritez.

Casavant, silencieux, est heureux. Son nom lui survivra.

«Monsieur Casavant parti pour le Bas-Canada depuis trois semaines environ, revient à notre grande surprise avec une femme qui paraît aussi bonne que lui», écrit la sœur chargée de tenir le journal du couvent.

Grâce aux bons soins de l'évêque Guigues, le couple pourra habiter une petite maison de la rue Saint-Patrick, à Bytown, qui fut autrefois la résidence et le premier hôpital de la congrégation des Sœurs grises. C'est une maison de bois de deux étages, chaude et lumineuse. Elle n'est pas très loin de l'atelier où Casavant et ses amis construisent leurs instruments. L'entreprise marche rondement.

Flavien s'occupe de l'ébénisterie et on a engagé un apprenti pour souder et polir les tuyaux sous la supervision de Joseph. Il faut dire que les orgues en chantier sont beaucoup plus petits que celui de la cathédrale de Bytown.

Même si sa vie de couple s'entame, ce qui n'est pas de tout repos pour un homme de quarante-trois ans qui a toujours vécu seul, Casavant ralentit à peine son rythme de travail. Il va à l'occasion passer quelques jours à Montréal où il rencontre des représentants d'industries spécialisées. Il en profite pour négocier les prix des métaux utilisés dans la fonderie.

L'été se déroule sans encombre, mais la vie à Bytown est assez monotone. Il n'y a pas grand-chose, si on excepte les guerres de clans qui font rage ici et là parmi les huit mille citoyens. Cette violence déplaît à Marie-Olive. Elle ne s'en plaint pas, mais elle aimerait voir son mari lui annoncer leur retour sur les berges de la Yamaska

Joseph remercie le ciel, de son côté, de lui avoir donné une femme aussi aimable. En plus d'être coquette et vive d'esprit, elle sait tenir maison. Quand il rentre, il retrouve le linge de maison et les vêtements empesés, pliés, rangés, ce qu'il n'avait jamais connu avant son mariage. Et il y a toujours quelques fleurs sur la table aux heures des repas.

La jolie Marie-Olive s'est même découvert une passion en prenant place devant le vieux piano des religieuses, resté dans la maison de la rue Saint-Patrick à défaut de place dans le nouvel édifice. Elle, qui a appris la musique sur l'orgue de Maska, explore un instrument vif et plein de couleurs. Un jour, Joseph lui apporte un cahier d'un compositeur franco-polonais mort deux ans plus tôt, Frédéric Chopin. Cette musique torturée et profonde la ravit. Casavant, pour sa part, est de plus en plus amoureux de sa femme.

Un jour, alors qu'il s'approche de sa compagne pour lui caresser le ventre, Casavant remarque que celui-ci semble plus rond. Il se penche près de son visage et, à la façon dont elle le regarde, il comprend qu'elle est enceinte.

Le soir même, Joseph s'assied à sa table de travail et trempe sa plume dans l'encrier pour faire à un oncle un compte rendu des quelques affaires qu'ils ont ensemble. À la fin de la missive, il ajoute un paragraphe. «Vous voulez savoir, à présent, comment va notre mariage? Ah, je m'en vas vous le dire. Tant qu'à notre santé, elle s'améliore toujours un brin. Mais ce qu'il y a de plus intéressant à vous dire est que mademoiselle Olive a perdu sa belle taille.»

Puis, s'adossant à son siège, il jette un coup d'œil sur sa femme. Elle grimace en se massant le bas du dos. Imaginant l'ampleur de l'épreuve qui s'en vient pour elle, il termine sa lettre par un post-scriptum: «Elle compte sur les prières de ses parents et amis. Vous connaissez mieux que moi le danger...»

Le 19 mai 1851, Joseph Casavant reprend la plume, cette fois pour écrire à son père. «Le 16 du mois courant, écrit-il, à huit heures du soir, madame Casavant, après les douleurs ordinaires de son état, qu'elle a supportées comme une femme chrétienne, a mis au monde un fils, sans aucun accident. Il est complet dans tous ses membres et il a une belle grosse tête. Croyez-moi, si je meurs à Bytown, et qu'il vive, vous reconnaîtrez ma tête.»

Le couple est heureux. Joseph se lève la nuit au moindre pleur, et amène le bébé à sa mère. Aussitôt rassasié, le petit se rendort et les parents avec lui. Casavant sent dans son âme une énergie nouvelle.

Cette année-là, l'Outaouais connaît des crues sans violence et les pluies surviennent tard. Ce sera un été doux. Au village, les coureurs de bois se plaignent que le manque de neige, au cours de l'hiver, a rendu la trappe difficile et les peaux moins épaisses.

L'orgue destiné aux Sœurs grises est terminé depuis le mois de mars, mais son inauguration, sans grand faste, a lieu en juin. À peine quelque jours après, Joseph se réveille au milieu de la nuit et constate que Marie-Olive n'est pas près de lui.

Il entend alors des sanglots provenant de l'autre bout de la pièce. Un frisson lui glace le dos. Il se lève d'un bond et aperçoit sa femme, penchée sur le berceau de l'enfant, pleurant tout bas. Il s'approche et voit le bébé, immobile et froid. Samuel-Marie a cessé de vivre.

∞

Le décès de leur enfant porte un dur coup au couple, mais Casavant parvient après quelques semaines à tourner la page.

— Il faut bien continuer de vivre, dit-il à Flavien, inquiet de son état d'esprit.

Pour Marie-Olive, l'épreuve est trop lourde. Selon elle, l'air vicié de Bytown n'est peut-être pas étranger à la détérioration de sa santé et à cette accumulation de malheurs. Elle plonge un peu plus avant dans ses études de piano, et cherche par tous les moyens à chasser de ses pensées l'image du bébé sans vie devant elle.

Mais le temps arrange les choses. Après quelques mois, le couple reprend confiance et Marie-Olive perd de nouveau « sa belle taille ». On s'empresse d'annoncer la nouvelle.

Le 9 août 1852, nouvelle naissance. Mais le petit semble bien peu vigoureux. Le curé est appelé dans l'après-midi pour administrer le plus triste sacrement de la chrétienté : l'ondoiement. Baptême et extrême-onction dans la même prière.

Sentant que sa femme respirerait mieux à Maska, Joseph multiplie les négociations et achète, le 7 novembre 1851, un grand terrain à Antoine Charron.

— C'est là, dit-il à Marie-Olive, que nous élèverons nos enfants.

Joseph-Claver Casavant,
né le 16 septembre 1855,
à l'âge de 21 ans.

Samuel-Marie Casavant,
né le 4 avril 1859,
à environ 21 ans.

5

1861-1885 : Fiat voluntas tua [1]

— Quand tu dois souder ces tuyaux à bouche, la couche d'étain doit être le plus mince possible, sinon l'acoustique en souffrira : le son sera alourdi. Mais cette couche doit tout de même être solide, sinon les vibrations risquent de la faire céder avec le temps, explique Joseph à son nouvel apprenti.

Celui-ci retire le métal rougi des tisons et s'applique pour mieux faire devant son maître.

— Bien, reprend l'organier après l'opération. Mais il faut éviter ce genre de coulées, même si on

1. Que votre volonté soit faite.

peut en venir à bout au ponçage. Une soudure bien faite semble naturelle et n'a presque aucun besoin de polissage. Elle s'intègre au cylindre et fait partie du tuyau.

— Compris, répond Eusèbe Brodeur.

C'est un jeune homme brillant et alerte. À vingt et un ans, il s'intéresse à la musique mais ses parents refusent de l'encourager dans cette voie. Déterminé malgré tout, le jeune homme s'est présenté chez le facteur d'orgues en disant qu'il cherchait du travail.

Dès leur première rencontre, Joseph a de la sympathie pour lui, car il se revoit, près de trente ans plus tôt, seul avec son espoir de devenir musicien. En octobre 1860, Eusèbe Brodeur est donc engagé comme menuisier au salaire convenable de 30 $ pour la première année. Marie-Olive et Joseph lui offrent en plus le gîte et le couvert, de même qu'à un étudiant de dix-sept ans qui travaille à la manufacture, Jean-Chrisostome Blanchard.

Avec ses petites lunettes ovales, son visage osseux aux joues creuses et son corps élancé, Eusèbe contraste avec Casavant qui, malgré ses cinquante-quatre ans, reste costaud. En une autre époque, on aurait dit qu'Eusèbe a l'air d'un « intellectuel ». Mais en 1861 à Saint-Hyacinthe, un bourg de trois mille habitants, seule la famille Dessaulles peut se vanter d'en compter dans ses rangs.

La seigneurie Dessaulles n'existe plus depuis l'adoption de la loi abolissant le régime seigneurial. La terre du dernier seigneur, Jean Dessaulles, décédé en 1835, a été partagée entre ses trois enfants. Mais les anciens nobles continuent de jouer un rôle prépondérant dans la ville. Ainsi Louis-Antoine, l'aîné, héritier d'une fortune colossale, deviendra le premier maire de la ville, après avoir été journaliste, conférencier et un polémiste notoire.

L'ancienne Maska connaît une effervescence culturelle unique dans les régions rurales du Bas-Canada. En plus de voir naître les journaux libéraux *La Nation*, *La Gazette de Saint-Hyacinthe* et *Le Journal de Saint-Hyacinthe*, la ville est le théâtre de plusieurs événements artistiques. L'architecte Napoléon Bourassa, aussi peintre et écrivain à ses heures, figure parmi les habitués de ces fêtes. Lorsqu'il vient à Saint-Hyacinthe avec sa femme Azélie, la fille du célèbre politicien Louis-Joseph Papineau, il réside chez le plus jeune fils Dessaulles. Joseph a conversé quelques fois avec lui.

Côté affaires, Joseph désespère de voir la mise en chantier de la cathédrale de Saint-Hyacinthe de son vivant. On installe la «cathédrale temporaire» dans une petite chapelle située à l'angle des rues Dessaulles et Girouard. Mais il ne faut pas compter sur le contrat de son grand orgue, qui lui aurait assuré plusieurs années de confort. Heureusement, plusieurs projets de moindre envergure figurent sur son carnet de commandes. La plupart des fabriques de la région ont entendu parler du facteur maskoutain et désirent profiter de ses talents.

Mais Casavant n'a jamais été un bon administrateur. Les paiements de factures, les réclamations, les négociations de contrat l'ont toujours ennuyé au plus haut point. Il n'a donc rien à objecter quand Marie-Olive lui propose de mettre de l'ordre dans ses affaires. Elle réalise sans tarder que plusieurs contrats ont été curieusement conclus. Elle décide de prendre les choses en main.

— Si nous voulons vivre dans une maison qui nous appartienne avant que nos enfants se marient, il faut faire de l'ordre dans tout ça, lance-t-elle.

Joseph acquiesce timidement.

Grâce à cette nouvelle gestion, l'entreprise ne tarde pas à prendre de l'essor. Joseph jouissait d'un confort honnête ; désormais, il est prospère...

En quelques années, il construit le grand orgue du séminaire de Saint-Hyacinthe et celui de plusieurs paroisses dont Saint-Pie-de-Bagot, Stukeley, Longueuil et Saint-Jérôme. Des négociations sont également en cours pour les orgues des églises de Belœil et de L'Épiphanie. Entre-temps, il trouve le moyen d'honorer plusieurs petits contrats pour des particuliers.

Casavant termine la construction de sa grande maison de brique, tout juste à côté du séminaire. La famille y emménagera dans les semaines qui suivent. Solide, spacieuse, elle est située face à une grande terre, un peu à l'écart du village.

À l'arrière de cette maison, deux grands entrepôts ont été construits grâce aux profits générés par les récents ouvrages. C'est là que la machinerie est installée. Six personnes travaillent avec Joseph. Parmi elles : Augustin Lavallée. Quand il a su que son vieil ami cherchait du personnel, il s'est présenté, mine de rien, en disant que sa lutherie ne faisait pas de très bonnes affaires. Il est vrai que sa famille n'a cessé de s'élargir depuis son mariage ; il ne peut pas se permettre d'attendre la prospérité. Caroline Valentine lui a donné sept enfants : Callixte, dix-neuf ans, Cordélia, quinze ans, Charles, onze ans, Marie-Anne, neuf ans, Catherine, sept ans, Joseph, trois ans, et Ida, un an. L'entente a été conclue rapidement. Joseph n'a pas hésité à faire d'Augustin son bras droit.

— Et alors, des nouvelles de Calixa ? demande un matin Marie-Olive, de passage dans l'atelier.

— Hélas non. La dernière fois qu'il nous a écrit, il était à Baltimore et il parlait de s'engager comme cornet dans le Fourth Rhode Island Regiment. Tu te rends compte ? Si une guerre se déclare, il sera militaire dans un autre pays…

L'aîné de la famille, Callixte Lavallée, que tous appellent Calixa, a montré très jeune de remarquables talents pour la musique et Augustin a été son premier professeur. Mais il a vite été dépassé : son fils semblait être venu au monde avec une dextérité que d'autres acquièrent au prix d'années de travail. Dès l'âge de onze ans, Calixa Lavallée a remplacé au pied levé l'organiste accompagnant le chœur de l'église Notre-Dame de Montréal, en tournée à Saint-Hyacinthe. Toute la ville avait été subjuguée par cet un enfant si talentueux. Et ses progrès n'avaient pas fini d'étonner.

Cependant, si les enfants exceptionnels font la fierté des parents, ils font aussi leur malheur. En 1857, le fils prodige qui manie aussi le violon, le piano et le cornet à pistons, part pour les États-Unis et rafle à La Nouvelle-Orléans le premier prix d'un concours important. Il fait ensuite une tournée en Amérique du Sud et aux Antilles. Il écrit très peu. Morte d'inquiétude, Caroline Valentine désespère de revoir un jour son fils.

— Il reviendra, lui répond Augustin sans y croire.

Dans un coin de son esprit, il partage la soif d'aventure de son fils qui n'a pas encore vingt ans.

Les préoccupations du couple Casavant ne sont pas du même ordre. D'abord, dans les années cinquante, l'air de la Yamaska et le retour aux racines n'ont pas eu les effets bienfaisants espérés : un troisième deuil a assombri l'arrivée du couple dans la plaine du Saint-Laurent. Dans l'après-midi du 26 novembre 1853, Marie-Olive a donné naissance à

Marie-Luce. Mais la première fille du couple a vu une semaine à peine de l'année 1854.

À cette époque, le curé Ducharme rend l'âme au terme de violentes convulsions qui ont duré toute une nuit. Quand Joseph apprend la nouvelle, les funérailles sont passées depuis un mois. L'évêque de Montréal, Ignace Bourget, a présidé la cérémonie et prononcé l'oraison funèbre. Ducharme a dû se retourner dans sa tombe.

Pour la construction de la maison dont Joseph et Marie-Olive rêvent depuis leur union, Casavant a mis plus d'énergie que sur aucun de ses orgues. L'embauchage d'Eusèbe Brodeur a d'ailleurs eu pour but de libérer le facteur de sa tâche afin qu'il puisse se consacrer à ce projet.

Mais Joseph commence sérieusement à se demander s'il aura un jour des héritiers. Et Marie-Olive, elle, désespère. Entre ses sanglots, elle joue du piano. Jamais la musique de Chopin n'a été autant de circonstance.

Pourtant, à l'issue d'une grossesse sans histoire, un gros poupon dodu et plein de vie, avec une voix stridente dont n'importe quel autre père se serait lassé, vient au monde le 16 septembre 1855. Véritable cadeau du ciel, Joseph Claver semble vouloir vivre et il devient sans doute l'enfant le plus protégé du Canada-Uni. Les familles Casavant et Sicard au grand complet sont présentes au baptême.

Avec un zèle démesuré, Joseph cherche des raisons de se rendre utile dans la maison, au point où Marie-Olive lui souhaite d'obtenir au plus vite un contrat pour un grand orgue.

— Comment cela? demande Casavant.

— Pour te faire sortir un peu, bonté! La maison n'est pas la place pour un homme.

Quand on apprend que Marie-Olive attend un nouveau bébé, toute la parenté se réjouit de nouveau. C'est une fille. On l'appelle Marie-Sophie. Mais elle est trop chétive et elle ne résiste pas à la mise au monde.

Au cours de ces années, Joseph prie assidûment. Chaque dimanche et à toutes les fêtes religieuses, il se rend à l'église et implore le ciel avec ferveur. Au point où remplacer l'organiste de la paroisse est pour lui non pas une corvée mais un apaisement. Le facteur sort sa partition de Jean-Sébastien Bach — où le nom du compositeur luthérien a soigneusement été maquillé. L'*Orgelbüchlein* emplit alors l'espace. Installé au clavier, Joseph, lui, a l'impression de prier deux fois.

Mais après la mort de Marie-Sophie, la blessure au cœur est telle qu'il ne parvient plus à réciter intégralement le *Pater Noster*. Au moment de prononcer les paroles *Fiat voluntas tua* («Que votre volonté soit faite»), absolument aucun son ne sort de sa bouche. Tout son être est comme paralysé. «Je ne comprends pas, dit-il dans sa prière. Vous m'enlevez un autre enfant, une fille que j'aurais aimée et protégée de toutes mes forces. Et vous épuisez Marie-Olive. Elle va mourir de fatigue, et moi de chagrin. Votre volonté, Seigneur, est trop dure. Je la refuse...»

Agenouillé dans un coin sombre de la nef, les yeux clos, Joseph serre les poings.

Mais le calme suit la tempête. Comme pour redonner espoir au père éploré, Marie-Olive tombe enceinte sans tarder. Elle donne naissance, le 4 avril 1859, à Samuel-Marie. La marraine de l'enfant est Ursule Laplante, une cousine qui loge depuis quelques années chez Dominique Casavant. Cet enfant né de la sixième grossesse de Marie-Olive vit un mois, deux mois, un an, deux ans et se montre, finalement, en assez bonne santé.

Déterminé à protéger ses fils le mieux possible et à les voir grandir, Joseph leur fabrique des jouets et se baladent avec eux sur le bord de la rivière et dans le bois des environs. L'hiver, pour les longues promenades en raquettes, le plus jeune est installé, tout emmitouflé, dans un porte-bébé en toile dont le modèle a été inspiré de ceux que fabriquent les Amérindiens des forêts de Bytown. L'aîné suit sur ses petites raquettes, coiffé d'une tuque avec un gros pompon.

Tout en marchant sans hâte dans les pâturages maskoutains enneigés, le forgeron romantique répond inlassablement aux questions de l'un et de l'autre sur la couleur du ciel, les plumes des oiseaux, la chaleur du soleil...

Quand Joseph se prépare à entrer dans sa maison avec sa petite famille, il loue le ciel, cette fois, d'avoir si bien exaucé ses vœux.

Le 29 août 1861, Eusèbe Brodeur assiste avec une fierté dont il ne laisse rien paraître à l'inauguration du premier instrument sur lequel il a travaillé dans l'atelier de Joseph Casavant : l'orgue de Saint-Jérôme. Il regarde les gens arriver par groupes à l'église du village laurentien. Comme il est toujours bien vu d'inviter un interprète prestigieux à l'inauguration d'un instrument, on a fait venir l'organiste Jean-Baptiste Labelle, de l'église Notre-Dame de Montréal.

L'apprenti surprend la conversation de deux personnes, derrière lui.

— Enfin, nous avons notre orgue, dit l'une d'elles. Et pas n'importe lequel. Il est tout entier l'œuvre de M. Casavant de Saint-Hyacinthe. C'est l'un des meilleurs organiers qu'on trouve au pays au dire des connaisseurs. Même comparé à ceux d'Europe, l'orgue qu'il nous a construit est sans pareil dans cette dimension pour la force et l'harmonie.

Le journal *Le Pays* écrit, quelques jours plus tard : « Honneur à M. Casavant, cet homme simple et modeste qui cache un génie sous son humble extérieur ; à ce travailleur infatigable qui, par ses seuls efforts, est parvenu à pénétrer toutes les lois de l'acoustique. »

Même s'il a acquis une honnête aisance par son travail, note l'article, Casavant « n'a pas voulu monter d'atelier sur une grande échelle car il préfère travailler lui-même et soigner chaque détail de ses instruments. De cette manière, il est sûr qu'aucune partie de l'ouvrage, si minime soit-elle, n'est négligée ».

L'auteur du texte rappelle que Joseph Casavant était l'objet de « remarques peu bienveillantes » quand il étudiait à Sainte-Thérèse, le village voisin, mais qu'il a eu raison des quolibets. « M. Casavant laissa dire, travailla avec patience, fit modestement de grands progrès et devint maître de son art. »

Dans son for intérieur, Eusèbe Brodeur envie ces hommages. D'autant plus qu'ils lui semblent exagérés. Casavant a peut-être prouvé qu'un petit Canadien de campagne peut mener loin une idée, mais, sur le plan musical, il aurait pu mieux réussir. Côté productivité également.

Eusèbe le pense en connaissance de cause. Aussitôt engagé chez Casavant, le jeune homme s'est offert une discrète visite des entreprises concurrentes à Montréal. Édifiante, cette tournée lui a fait découvrir que l'atelier de Saint-Hyacinthe est artisanal et rétrograde. Rien à voir, en tout cas, avec les usines montréalaises modernes et efficaces qui produisent des instruments musicalement plus complets : un plus grand nombre de jeux, une plus vaste variété de sonorités, une soufflerie plus performante. Si Louis Mitchell — un autre à être passé par le collège de Sainte-Thérèse — commence dans le métier, Samuel Russel Warren s'est imposé comme un homme d'affaires aguerri. Et il a su concilier certaines techniques de production et une maîtrise exceptionnelle des matériaux. Établi en milieu urbain, il a facilement accès aux matières premières qui lui coûtent ainsi moins cher. Résultat : le facteur montréalais a produit près de trois cents orgues depuis la fondation de l'entreprise, en 1837. Casavant, dont le premier orgue a été inauguré la même année, en compte dix fois moins.

— Ces facteurs se trompent, argumente Joseph quand Eusèbe essaie de le convaincre d'adapter ses méthodes aux nouvelles tendances. Les grands maîtres de l'art sont morts et c'est dans leurs œuvres qu'il faut chercher la vérité. Pas en copiant les usines de machines agricoles !

Eusèbe en doute.

— Pourquoi diable, raisonne-t-il, ce qui est bon pour l'outillage serait-il mauvais pour l'instrument de musique ? L'orgue traverse une véritable renaissance en Europe où on a inventé des mécanismes de transmission permettant à la console d'être à une bonne distance du buffet.

Mais Joseph hausse les épaules et tourne les talons.

Il est vrai qu'en Europe le nouvel orgue dit «romantique» fonctionnant à l'électricité ou avec un système tubulaire pneumatique inspire une nouvelle génération de compositeurs. C'est une excellente nouvelle pour les amateurs, car l'orgue avait été délaissé au profit de l'orchestre symphonique.

Eusèbe serre les dents.

— Pourquoi s'accrocher au passé?

Il n'est pas le maître à bord. Un jour, peut-être, Casavant laissera sa place.

Un soir de 1864, Dominique Casavant, affaibli par la phtisie, demande à voir ses enfants. Il sent sa fin venir. Joseph se trouve dans une église lointaine quand le message lui parvient. Il prend la route aussitôt, mais il n'a pas le temps d'arriver. Après une toux profonde qui a secoué le patriarche, en quelques secondes, sous les yeux de trois de ses enfants, d'Ursule Laplante et du curé du village, son visage se crispe et devient livide, ses yeux se convulsent, sa respiration se suspend. Il pousse un profond soupir et ses muscles se relâchent. Il a cessé de vivre.

En jetant la première pelletée de terre dans la tombe de son père, Joseph pense que la réconciliation s'est faite au bon moment. Ses enfants ont connu leur grand-père. Et lui-même n'a plus la désagréable impression de fuir lâchement son passé, dans un autre pays.

En rentrant chez lui, la petite main de Claver serrée dans la sienne, il a les idées noires. Pour la première fois, il sent le poids des années sur ses épaules. Pourquoi continuer de fabriquer des orgues? Après tout, sa maison est construite, son entreprise est en bonne santé, il a un avenir confortable devant lui.

Son père a vécu longtemps, mais il a gardé toute sa vie un air morose et amer. Il est mort veuf et abandonné. Surtout, ne pas lui ressembler...

«Et vous? se dit-il en regardant ses deux fils qui se sont lancés en courant vers la maison. Chercherez-vous à distinguer votre existence de celle de votre père?»

Quelques années plus tard, la mort rôde encore autour de Saint-Hyacinthe-le-Confesseur. Marie-Olive, qui pourtant était bien en chair, perd rapidement du poids et se plaint de douleurs au ventre. Son état dégénère en quelques jours et elle se voit confinée à son lit. Mandé, le médecin doit constater son impuissance.

— Ne meurs pas. J'ai encore besoin de toi, lui dit Joseph désemparé, à son chevet.

— Je ne suis pas celle que tu voulais, mais nous avons fait une belle vie, lui répond-elle d'une voix épuisée.

Durant la veillée du corps, avant que les parents et amis n'arrivent pour offrir leurs condoléances, Joseph réunit ses deux fils pour leur parler. Claver a seize ans et Samuel-Marie en a douze.

— Mes enfants, dit-il. Votre mère n'est plus. Jamais une femme ne vous aimera comme elle vous a aimés, et personne ne la remplacera dans votre cœur. Mais la vie est un combat contre la solitude et nous sommes nés pour ne jamais le gagner.

Pleurant sur sa tombe le jour de l'enterrement, Joseph repense à la volonté divine : « Maudit soit le sort qui s'acharne sur les meilleurs d'entre nous », peste-t-il.

Quelques jours après les funérailles, il se rend au cabinet du notaire Taché pour modifier son testament. Comme il voulait céder tous ses biens à sa femme, il doit prendre de nouvelles dispositions.

Au recensement de 1871, on inscrit devant le nom de Joseph Casavant le titre de « bourgeois ». Une servante de dix-huit ans, Émilie Lessard, prépare les repas et fait la lessive des trois hommes.

Officiellement retiré des affaires depuis 1866, Joseph accepte d'avancer occasionnellement des sommes d'argent à son successeur, Eusèbe Brodeur, pour l'aider à prendre de l'expansion. À temps perdu, il confectionne aussi des tuyaux pour son entreprise qui compte deux employés à temps plein. Comme s'il était d'usage de se marier tardivement chez les facteurs d'orgues, Eusèbe attend l'approche de son trentième anniversaire pour célébrer ses noces. Sa femme, Ermelina, de dix ans sa cadette, donne naissance à deux jumeaux en 1869. La succession est assurée.

Les enfants de Joseph, quant à eux, grandissent bien mais semblent peu intéressés par l'héritage professionnel de leur père. Un temps, Joseph a cru déceler chez son aîné un intérêt pour la musique. Mais le jeune homme, dont on commence à apercevoir le duvet sous le nez, n'a pas l'ombre du talent de Calixa Lavallée qui est depuis 1870 directeur musical du Grand Opera House, à New York, où une de ses œuvres doit bientôt être produite. Depuis son adolescence, Claver préfère la compagnie de ses amis de collège à celle des soudeurs de tuyaux. Quant à Samuel, il est encore trop jeune pour penser à une carrière.

Joseph Casavant s'éteint trois ans plus tard, le 9 mars 1874, à l'âge de soixante-sept ans. Dans l'après-midi, il sent un engourdissement dans un bras, et une curieuse migraine l'assaille un peu plus tard. Émilie suggère de faire venir le médecin, mais il s'y oppose fermement. Cependant, tôt dans la soirée, il est de nouveau pris de nausées. Peu après, il est alité et tout son côté droit est paralysé. Quand le docteur Nadeau arrive, il est trop tard.

Même en étant publiquement reconnu comme un travailleur honnête et dévoué, Joseph Casavant ne chassa jamais le sentiment d'échec, cloué au fond de son cœur. « J'ai aimé une femme et j'en ai épousé une autre ; j'ai poursuivi un rêve et j'en ai réalisé un autre. Je voulais une famille et mes fils ne seront pas majeurs à ma mort. Je suis passé à côté de tout », se désole-t-il sur son lit de mort.

Dans un « testament spirituel » destiné à ses fils, il a écrit : « L'espérance que j'ai en la miséricorde de Dieu me fait croire que je verrai plus clair après ma mort que durant ma vie. »

Claver Casavant assiste, nerveux, en compagnie de quelques cousins de son père défunt, d'Eusèbe Brodeur et d'un ami de la famille, Joseph Plamondon, à une réunion chez le notaire Louis Taché. Le jeune homme, qui commence à sentir le poids des responsabilités de la vie adulte, se prépare à connaître les dernières volontés de son père, trois semaines après les funérailles.

Le notaire Taché, un grand homme sec au teint pâle avec de profonds cernes sous les yeux, ne sourit jamais et a une voix monotone parfaitement appropriée à la lecture d'un testament.

À la surprise générale, il annonce que Joseph lègue une fortune considérable et insoupçonnée (10 000 $) à ses deux fils. Une clause étrange précise cependant que la moitié de cet argent ne pourra être touchée avant la majorité du cadet. De plus, Eusèbe Brodeur est désigné pour être le tuteur de Claver et de Samuel.

Une dernière clause testamentaire, en apparence anodine, fait sursauter Brodeur. Pour liquider de vieilles créances oubliées, il doit consentir à préserver l'inscription du nom « Casavant » sur les orgues produites dans l'atelier de Saint-Hyacinthe. C'est la seule façon d'honorer ses dettes. Adieu les « orgues Brodeur».

Après une discussion polie sur des éléments de droit, les différentes parties signent solennellement la déclaration selon laquelle Eusèbe accepte les dernières volontés de son ancien patron. À partir de cette date, la maison familiale sera mise en vente, les fils Casavant iront vivre chez leur tuteur, mais l'atelier restera au même endroit.

Quelques jours plus tard, Claver commence son apprentissage dans l'atelier que son père a construit, sous la supervision d'Eusèbe Brodeur. Encore bouleversé par le deuil et par les changements des derniers mois, Claver part un jour, après son travail, sur les chemins longeant la Yamaska. Sans savoir que c'est au même endroit que son père avait pris les plus grandes décisions de sa vie, il décide à son tour de prendre son destin en main.

« Bon, se dit le jeune homme. Puisque le nom de mon père doit lui survivre, j'y veillerai. Je serai facteur d'orgues. »

Le voyage à bord du bateau à vapeur a été long ; plusieurs fois, les vents printaniers ont fait dévier le vaisseau de sa course. Le trajet a duré quinze jours, soit trois de plus que ce qu'avait prévu la compagnie. Mais quand Samuel Casavant pose le pied à Paris, tous ses petits soucis sont oubliés. On lui a parlé souvent de la majesté des vieux pays, de leur histoire présente au coin de chaque rue dans un lampadaire, une façade en pierre sculptée ou un jardin, mais le fait de voir tout ça de ses yeux l'éblouit.

Le jeune homme de dix-neuf ans a reçu plusieurs lettres de son frère Claver l'enjoignant de venir le rejoindre à Versailles, où il travaille comme apprenti chez le facteur John Abbey. « Ensemble, lui a-t-il écrit dans sa dernière missive, nous ferons le tour des plus importantes entreprises d'orgues d'Europe, et nous ramènerons les meilleures idées de notre côté de l'Atlantique. »

Au début, l'idée de parcourir l'océan l'effrayait, mais l'attrait de l'aventure a finalement eu le dessus. Samuel a acheté son billet.

Pour ce jeune homme qui a manifesté une grande aisance à manier les chiffres durant tout son cours classique au Séminaire de Saint-Hyacinthe, l'idée d'administrer une entreprise est stimulante. Pourquoi ne pas profiter de la rigueur professionnelle et des connaissances de Claver dans la facture d'orgues ? En outre, d'ici deux ans, les deux frères pourront toucher leur héritage.

Les premiers jours de son voyage ressemblent à un véritable rêve pour Samuel. On lui fait visiter le château de Versailles par les dépendances et les coulisses, on l'invite chez différents notables en compagnie de son frère. Même les ouvriers de la manufacture insistent pour recevoir les deux frères comme s'ils étaient des princes étrangers.

Une semaine après l'arrivée de Samuel, ceux-ci sont attendus chez le grand facteur français Aristide Cavaillé-Coll. Ils ignorent qu'ils sont précédés d'une lettre de recommandation chaleureuse signée par John Abbey et dans laquelle celui-ci vante les qualités du « petit Canadien ». Devant le maître, Claver pose des questions sur l'harmonisation des nouveaux instruments, s'intéresse aux systèmes perfectionnés par l'inventeur de l'orgue romantique. Il veut notamment comprendre cette idée de « soufflerie à pressions différentes» que Cavaillé-Coll vient de mettre au point. La journée passe si vite que le soleil est couché depuis longtemps quand les trois hommes sortent de l'atelier. «L'important, dans ce métier, c'est le juste équilibre entre le respect de la tradition et la recherche de nouveaux moyens pour l'exprimer», se dit Claver à l'issue de cette rencontre passionnante.

Par la suite, à bord de luxueux wagons de chemin de fer et de cabriolets aux sièges capitonnés, les frères voyagent d'un pays à l'autre pendant trois mois. Ils rendent visite aux plus grands facteurs français, anglais, belges, allemands, suisses et italiens. Tous les reçoivent avec affabilité mais aussi avec une pointe d'incrédulité. Visiblement, les jeunes facteurs du Nouveau Monde ne sont pas considérés comme des concurrents mais comme des curiosités.

De son côté, dans un petit carnet, Claver note tout ce qu'il voit, l'architecture des cathédrales, la forme des buffets, le style des boiseries ornant les orgues, la hauteur et le diamètre des tuyaux d'apparat, etc. Il rédige ses observations le soir, avant de se coucher, à la lumière d'une chandelle.

À l'automne de 1879, il annonce à son jeune frère: «Samuel, j'ai envie de voir une vraie rivière. Nous rentrons au pays de la Yamaska.»

∽

Saint-Hyacinthe, novembre 1879

Monsieur,

Nous avons l'honneur de vous informer que nous venons d'ouvrir un atelier pour la construction des Orgues à Tuyaux pour Églises, Chapelles, Salles de concert, Salons, etc.

De retour depuis quelques semaines d'un voyage en Europe de plus d'une année, nous sommes en mesure de pouvoir construire des instruments avec tous les derniers perfectionnements, tels que : pédalier concave, pédale d'expression à double mouvement, claviers rapprochés, frein harmonique, etc.

Nous nous chargerons aussi de l'entretien et de la réparation des instruments, et nous nous efforcerons de toujours donner entière satisfaction à tous ceux qui nous feront l'honneur d'une commande.

Veuillez nous croire, Monsieur,

Vos très humbles serviteurs,

Casavant Frères

— Des ingrats ! hurle Eusèbe Brodeur.

Il fulmine. Il tape du pied et se lève d'un bond. Il arpente nerveusement son bureau, tenant dans sa main une copie de cette lettre envoyée à toutes les paroisses du Bas-Canada.

— Casavant Frères. Qu'est-ce que ça signifie ? J'assiste presque à la naissance de ces deux enfants, je les prends sous ma protection à la mort de leur père. Je leur offre même du travail et voilà comment ils me remercient! Des ingrats, voilà ce qu'ils sont!

Non seulement le tuteur s'est acquitté de sa tâche avec honnêteté et diligence, à son point de vue, mais il ne s'est jamais opposé au voyage de Claver en France.

— J'ai fait la même chose, quand votre père m'a engagé, lui a-t-il dit alors. Partez, allez voir comment ils travaillent en Europe. Vous reviendrez, j'en suis certain, avec d'excellentes idées. Nos orgues en bénéficieront...

S'il avait su ce que les jeunes hommes lui préparaient... Loin de lui, alors, l'idée que ses protégés se ligueraient contre le successeur de leur père!

Quelques jours plus tard, la tension s'apaise et le flegmatisme de l'homme aux lunettes ovales reprend le dessus. « En affaires, les amis n'existent plus, réfléchit-il. Ils veulent la guerre. Ils l'auront. Je suis toujours le meilleur organier du Bas-Canada. Je ne leur ferai pas de quartier... »

Par un bel après-midi de l'année 1885, dans le wagon central du transcontinental, qui file sur la plaine du Saint-Laurent, le Dr Salluste Duval, médecin, physicien et professeur à l'Université Laval de

Montréal, s'est assoupi. Homme d'une grande culture, ce boulimique d'art et de lettres se montre incapable de se restreindre à une seule discipline. Il cumule le poste de titulaire d'une chaire de physiologie et celui de professeur de génie, mais sans quitter son poste d'organiste à l'église Saint-Jacques de Montréal. Et quand Claver lui demande de prendre la tête du service de recherche de Casavant Frères, Duval accepte sans hésiter. Il meuble, depuis, ses moments de loisir à résoudre des problèmes mécaniques liés au fonctionnement de l'orgue. Une de ses premières réalisations a été de mener à terme une idée de Joseph Casavant : la pédale de combinaisons ajustable.

Près du Dr Duval, endormi la bouche ouverte, sont assises deux personnes. Des nobles, à en juger par leur habillement. Ils ont un air de famille. « Peut-être sont-ils cousins », s'est dit Duval avant de s'assoupir.

— Dites-moi, cher ami, lance le premier après avoir posé son journal. Vous, qui vivez à Saint-Hyacinthe, connaissez-vous les frères Casavant ?

— Bien sûr, répond l'autre en gonflant légèrement le torse. Ce sont nos facteurs d'orgues. Ils emploient vingt-trois personnes. C'est la fierté de la région. Encore récemment, c'est sur eux que le choix du curé Santennes s'est arrêté pour la construction de l'orgue de la cathédrale Notre-Dame de Montréal...

— Justement, on parle d'eux dans *La Minerve*. Écoutez ça...

Salluste Duval, qui entend vaguement la conversation dans son demi-sommeil, a un léger sursaut à la lecture de l'article. Lui-même a joué un rôle dans l'attribution du contrat de l'orgue de Notre-Dame, le plus important de la décennie, dit-on dans le milieu. Sortant de sa torpeur, il relève la tête subitement, ce qui attire l'attention de ses voisins. Il lui vient alors l'idée de s'amuser un peu tout en vérifiant l'ampleur de la réputation des Casavant.

— Ne croyez pas ce qu'on raconte, maugrée-t-il en se frottant les yeux. Je ne comprends pas pourquoi ce contrat n'a pas été accordé à Eusèbe Brodeur. C'est lui, le plus grand facteur du pays...

Un silence s'installe, complet si on fait exception du roulis du train sur la voie ferrée. Les deux passagers, un peu gênés, échangent un regard. Plusieurs secondes passent...

— Euh, veuillez pardonner mon ignorance, cher monsieur, lance le plus vieux des deux. De qui parlez-vous ? Eusèbe qui... ?

Joseph-Claver Casavant, fils aîné de Joseph, président de Casavant Frères, en compagnie d'employés dans les ateliers (années 1920).

6

Épilogue

J oseph Casavant peut bien avoir eu l'impression
d'être passé à côté de son destin, il n'en reste pas
moins celui qui a creusé le sillon d'une industrie toujours fleurissante, plus d'un siècle plus tard.

Exactement cent vingt ans après sa mort, en
mars 1994, une église de Fort Worth, au Texas, a
accordé à Casavant Frères le contrat de fabrication
du plus grand orgue de l'histoire des Amériques,
après douze ans de recherche dans cinq pays. Estimé
à 3,4 millions de dollars, cet orgue de dix mille cinq
cent soixante-treize tuyaux nécessitera cinquante
mille heures heures de travail. Les soixante-quinze

employés de l'atelier de Saint-Hyacinthe s'y appliqueront pendant plusieurs mois.

La vie de Joseph a été un échec à ses yeux. Aux yeux de l'histoire, il en va autrement. Il est à peu près certain que Claver et Samuel Casavant n'auraient pas eu l'idée folle de lancer une entreprise d'orgues si leur père n'avait pas eu, lui, l'idée folle de devenir musicien à l'âge de vingt-sept ans. Et sans les idées folles de Charles-Joseph Ducharme, fondateur d'une école de musique au milieu d'une forêt, les premières pierres de cet édifice n'auraient pas été posées.

La réalité est parfois décevante devant la candeur de l'imagination. Mais d'autres réalités échappent parfois à notre regard.

Dans le cas de Joseph Casavant, l'histoire portera toujours le meilleur jugement.

Montage de l'ensemble d'un instrument dans les ateliers Casavant Frères,
au cours des années 1950.

Chronologie
Joseph Casavant
(1807-1874)

Établie par Michèle Vanasse

1806

Au début du XIXe siècle, après la Conquête de 1760, les Canadiens français ont le libre exercice de la religion de l'Église de Rome sous la suprématie du roi d'Angleterre. L'effectif du clergé diminue beaucoup, mais celui-ci demeure un phare important de la collectivité. Les prêtres ont su grouper les habitants autour de l'église paroissiale et se faire éducateurs. En 1791, la nouvelle constitution reconnaît même au clergé le droit de percevoir la dîme.

1806

Fondation du *Canadien*, journal des réformistes du Bas-Canada. Il y a des mouvements réformistes dans le Bas et dans le Haut-Canada qui désirent des changements dans les structures politiques de la colonie. Ils revendiquent avant tout la responsabilité ministérielle, refusée au moment de l'Acte constitutionnel de 1791. Les conservateurs anglophones s'expriment dans la *Montreal Gazette* et le *Montreal Herald*.

CASAVANT ET SON MILIEU	L'AMÉRIQUE ET LE MONDE
1807 Naissance le 23 janvier de Joseph Casavant, fils de Dominique Casavant et de Marie-Desanges Lacaillade, dans le village de Maska (Saint-Hyacinthe).	**1807** Europe : l'empereur Napoléon tente de ruiner l'Angleterre par le blocus continental qui a pour but de l'empêcher d'écouler ses produits en Europe.
	1810 Europe : l'Empire de Napoléon s'étend de la Baltique à l'Adriatique. Sa défaite à Trafalgar devant l'amiral Nelson ruine son projet d'envahir l'Angleterre.
1811 Fondation du séminaire de Saint-Hyacinthe par l'abbé Antoine Girouard, curé de la paroisse de Saint-Hyacinthe.	**1811** La révolution industrielle, commencée en Angleterre au siècle précédent, s'étend à l'Europe du Nord-Ouest et aux États-Unis. Elle est caractérisée avant tout par l'utilisation de la machine à vapeur, d'où l'importance accrue de la métallurgie. Partout apparaît un nouveau paysage, noirci par la fumée du charbon. Les chemins de fer et les bateaux à vapeur bouleversent les transports.

CASAVANT ET SON MILIEU

1812

Mgr Plessis, évêque titulaire de Québec, exhorte les Canadiens à rester loyaux à l'Angleterre au moment de l'invasion américaine. L'appartenance à l'Empire britannique, qui protège la langue française et la religion catholique, est selon lui préférable à l'annexion aux États-Unis.

L'AMÉRIQUE ET LE MONDE

1812

Guerre anglo-américaine : la concurrence de plus en plus forte entre la marine britannique et la marine américaine, ainsi que la présence des colonies anglaises au nord qui nuisent à l'expansion des États-Unis, amènent les Américains à déclarer la guerre à l'Angleterre. Le Canada est envahi.
Désastre de la campagne de Russie entreprise par Napoléon.

1814

Le traité de Gand met fin à la guerre anglo-américaine, les territoires conquis sont rendus.
Abdication de Napoléon qui se retire à l'île d'Elbe.

1815

Louis-Joseph Papineau, député réformiste du Bas-Canada, est nommé président de l'Assemblée.
France : Napoléon tente de nouveau sa chance pendant les Cent-Jours. Il est défait à Waterloo et exilé à Sainte-Hélène où il meurt en 1821. La monarchie est restaurée avec Louis XVIII.

CASAVANT ET SON MILIEU	L'AMÉRIQUE ET LE MONDE
1817 Mgr Plessis est reconnu officiellement évêque de Québec. L'Église catholique relève du Saint-Siège et non pas de l'autorité du roi d'Angleterre.	**1817** États-Unis : James Monroe est élu président. France : Alphonse de Lamartine compose *Le lac*, la plus célèbre de ses *Méditations poétiques*.
1819 Naissance de Charles Wugk Sabatier, pianiste virtuose et organiste, professeur de Calixa Lavallée et compositeur de *Cantate en l'honneur du prince de Galles*.	**1819** États-Unis : achat de la Floride à l'Espagne. Population : près de 10 millions d'habitants.
1823 Naissance de Louis Mitchell. Il étudiera avec Casavant au collège de Sainte-Thérèse. Formé par Samuel R. Warren, il deviendra facteur d'orgues et fabriquera ses trois premiers instruments en 1861.	**1823** États-Unis : la doctrine Monroe affirme l'isolationnisme américain par rapport à l'Europe.

CASAVANT ET SON MILIEU	L'AMÉRIQUE ET LE MONDE
1824	**1824**
J. Casavant devient apprenti forgeron chez Thomas Marchessault. Il apprend également à accorder le piano de la seigneurie Dessaulles.	Amérique latine : sous l'égide de José San Martin et de Simon Bolivar se succèdent de longues guerres confuses qui aboutissent à l'indépendance des colonies espagnoles.
Jean-Baptiste Jacotel, émigré français, fabrique un orgue pour l'église du Sault-au-Récollet. Il est le premier facteur d'orgues canadien.	France : mort de Louis XVIII et avènement de Charles X.
	Autriche : Ludwig van Beethoven compose la célèbre *Neuvième Symphonie en* ré *mineur*.
1825	**1825**
Fondation du collège de Sainte-Thérèse où Joseph Casavant entreprendra des études musicales à l'âge de vingt-sept ans.	Population canadienne : 479 288 au Bas-Canada et 157 923 dans le Haut-Canada.
	Le Portugal reconnaît l'indépendance du Brésil.
	1826
	Canada : fondation de Bytown (Ottawa).

CASAVANT ET SON MILIEU

1827
Naissance à Saint-Hyacinthe de Damis Paul, organiste qui étudiera au collège de Sainte-Thérèse en même temps que Joseph Casavant. Il inaugurera l'orgue de celui-ci à la cathédrale Notre-Dame d'Ottawa après l'avoir aidé dans ses travaux de fabrication et d'installation. Il participera à la fondation de l'Académie de musique de Québec (AMQ) et composera des œuvres pour piano et orgue.

1828
J. Casavant obtient la concession d'une terre par le seigneur Dessaulles.
Naissance de Jean-Baptiste Labelle, organiste à l'église Notre-Dame de Montréal pendant quarante et un ans, professeur dans plusieurs collèges et couvents et auteur du *Répertoire de l'organiste*.

L'AMÉRIQUE ET LE MONDE

1827
États-Unis : publication du roman de Fenimore Cooper, *Le dernier des Mohicans*, qui dépeint le drame des tribus indiennes à l'époque de la dernière guerre entre la France et l'Angleterre.
Autriche : mort de Ludwig van Beethoven.

1828
États-Unis : élection d'Andrew Jackson, premier président originaire de l'Ouest.

1829
Canada : fondation de l'Université McGill.
La Turquie accorde son indépendance à la Grèce.

CASAVANT ET SON MILIEU

L'AMÉRIQUE ET LE MONDE

1830
France : les Trois Glorieuses. Pendant trois jours, le peuple de Paris se soulève contre les ordonnances du roi Charles X. Il est remplacé par Louis-Philippe Ier, roi libéral, qui installe la Monarchie de Juillet. Hector Berlioz fait exécuter la *Symphonie fantastique*.
La Belgique devient un royaume indépendant de la Hollande.

1834
Casavant décide de quitter Maska et d'abandonner son métier de forgeron pour aller apprendre la musique au collège de Sainte-Thérèse, fondé et dirigé par le curé Charles-Joseph Ducharme. Il part avec 16 $ en poche.

1834
Bas-Canada : les demandes de l'Assemblée sont groupées en 92 Résolutions. En tant que majorité, les Canadiens « patriotes » de L.-J. Papineau demandent la souveraineté politique.

1836
Ouverture à Montréal de l'entreprise de fabrication d'orgues de Samuel Russell Warren, émigré américain. Il a beaucoup de succès et implante au Canada une facture professionnelle et de qualité.
Mgr Lartigue est nommé premier évêque de Montréal.

1836
Canada : inauguration du premier chemin de fer, entre La Prairie et Saint-Jean.
Texas : les Américains, assiégés par les Mexicains au fort Alamo, sont massacrés ; parmi eux, le célèbre trappeur Davy Crockett.

CASAVANT ET SON MILIEU

1837

Casavant devient apprenti organier. Il puise ses connaissances dans *L'art du facteur d'orgues* du bénédictin dom François Bedos de Celles. Il monte pièce par pièce l'instrument commandé d'Europe par le curé Ducharme pour la paroisse de Sainte-Thérèse. La qualité de son travail lui vaut sa première commande officielle, un orgue pour l'église Saint-Martin-de-Laval.

L'abbé Ducharme est parmi les trois ecclésiastiques à être pressentis pour occuper le poste d'évêque de Montréal.

L'AMÉRIQUE ET LE MONDE

1837

Résolutions Russell : Londres refuse les 92 Résolutions, ce qui déclenche la rébellion.

Bas-Canada : batailles de Saint-Denis, de Saint-Charles et de Saint-Eustache. Les Patriotes sont défaits par les troupes anglaises, plusieurs sont tués ou faits prisonniers. Douze d'entre eux seront pendus en 1838, à Montréal.

Haut-Canada : les réformistes de William Lyon Mackenzie sont mis en déroute à Toronto.

Angleterre : avènement de la reine Victoria.

Casavant et son milieu

1840
Livraison de l'orgue de Saint-Martin-de-Laval. Casavant invente un tuyau d'orgue qu'il appelle «tonnerre en marche». Invention, par Charles Baker, du levier pneumatique qui permet l'accouplement de claviers.
Ignace Bourget est nommé évêque de Montréal. Sous son impulsion, l'Église canadienne connaîtra un grand essor. Il fait venir de France de nombreuses communautés religieuses et réorganise l'Église afin qu'elle s'occupe d'éducation et d'aide sociale.

1844
Fondation, par Jean-Baptiste Dorion, de l'Institut canadien de Montréal qui réclame la liberté d'expression la plus complète et qui s'oppose à l'ultramontain Mgr Bourget et à son entourage. Les ultramontains affirment que le clergé a le droit et le devoir d'intervenir en politique et de conseiller ses ouailles.

L'Amérique et le monde

1840
Canada : à la suite du rapport du gouverneur Durham, la reine Victoria sanctionne l'Acte d'Union, en vigueur en 1841. Les deux Canadas sont réunis, mais le gouvernement responsable n'est pas accordé. En faisant en sorte que la population anglaise soit majoritaire, l'Angleterre souhaite l'assimilation des Canadiens français, peuple « sans histoire et sans littérature», selon lord Durham.

1844
Transmission du premier message télégraphique (Washington-Baltimore) par Samuel Morse.
France : le champion du roman historique, Alexandre Dumas, publie *Les trois mousquetaires*.

CASAVANT ET SON MILIEU	L'AMÉRIQUE ET LE MONDE

1845

Création de la Corporation du petit séminaire de Sainte-Thérèse.

Pour contrer l'exode des Canadiens français vers les États-Unis, le clergé se fait le promoteur de la colonisation de régions telles que le Saguenay et la Mauricie.

Publication de l'*Histoire du Canada* de François-Xavier Garneau. Cette œuvre est considérée comme la plus importante de la production littéraire du XIXe siècle canadien-français. L'auteur veut démontrer que le passé des Canadiens français est aussi glorieux que celui des autres peuples.

1846

Contrat en vue de la construction d'un orgue pour la fabrique de Sainte-Martine. Cet orgue sera remplacé par un nouvel instrument signé Louis Mitchell en 1881. Flavien Turgeon, un Franco-Américain, devient l'assistant de Casavant; il travaille le bois. L'abbé Ducharme continue de soutenir son élève en signant des quittances pour sa pension et pour le bois utilisé dans son travail.

1845

Irlande : début de la grande famine, due à une maladie de la pomme de terre, ce qui provoquera une forte immigration d'Irlandais au Canada à partir de l'année suivante. Au Québec, ils s'installent surtout sur le contrefort des Laurentides.

1846

Traité de Washington : la frontière canado-américaine est fixée définitivement au 49e parallèle.

Guerre États-Unis-Mexique à la suite de laquelle le Mexique cède un vaste territoire, du Texas à la Californie comprise, aux Américains.

CASAVANT ET SON MILIEU

L'AMÉRIQUE ET LE MONDE

1847
Naissance du soprano Emma Albani, née Lajeunesse, première musicienne canadienne célèbre sur la scène internationale.

1848
Rencontre de Joseph Guigues, évêque de Bytown (Ottawa), et de Joseph Casavant. Il lui demande de construire, dans son atelier de Sainte-Thérèse, un orgue pour sa cathédrale.

Henry Wadsworth Longfellow, poète américain, influencé par la culture et le romantisme européens, relate la triste histoire de la déportation acadienne de 1755 dans *Évangéline*.

En peinture, les impressionnistes (Monet, Renoir, Degas) se tournent résolument vers la nature mais, jusqu'à la fin du XIXe siècle, les peintres canadiens se conforment à l'enseignement théorique parisien, sauf Ozias Leduc.

1848
Canada: le principe de la responsabilité ministérielle est reconnu, ce qui signifie que le pays obtient son autonomie interne. Reconnaissance officielle de la langue française.

États-Unis: ruée vers l'or de la Californie.

Révolutions à caractère démocratique et social en Europe. Louis-Philippe est renversé en France, les insurgés sont écrasés en Autriche, et François-Joseph, le nouvel empereur, réprime l'insurrection en Hongrie avec l'aide du tsar de Russie.

France: la République est proclamée et le suffrage universel établi. Louis-Napoléon, neveu de Napoléon Ier, est élu président.

CASAVANT ET SON MILIEU	L'AMÉRIQUE ET LE MONDE
1849	**1849**
L'abbé Ducharme donne sa démission à l'évêché en tant qu'administrateur du petit séminaire mais demeure curé de la paroisse de Sainte-Thérèse.	À Paris meurt Frédéric Chopin, compositeur d'une grande originalité, dont l'œuvre romantique est le reflet de ses états d'âme.
Parution de *Une de perdue, deux de trouvées* de Georges Boucher de Boucherville qui recrée en partie l'atmosphère des troubles de 1837.	
Arrivée à Québec du musicien français Antoine Dessane, nouvel organiste de la basilique Notre-Dame de Québec, compositeur de *La Québécoise* et de *Quadrille sur cinq airs canadiens*. Son œuvre comporte plusieurs messes et hymnes liturgiques.	

CASAVANT ET SON MILIEU

1850

Casavant se rend à Bytown installer l'orgue de la cathédrale avec son assistant Flavien Turgeon et l'organiste Damis Paul. Inauguration le 7 mars du chef-d'œuvre de Joseph Casavant : 1 063 tuyaux et 3 claviers de 5 octaves chacun. Il signe un nouveau contrat pour la chapelle des Sœurs de la Charité.
Il se marie avec Marie-Olive Sicard de Carufel.

1851

Naissance de Samuel-Marie qui décède quelques jours plus tard.
Achat d'un terrain à Saint-Hyacinthe pour y construire par la suite une maison et un atelier, et où on trouve toujours les ateliers Casavant Frères.
Naissance, à Bytown, de Guillaume Couture, reconnu comme le premier grand musicien de l'histoire canadienne. Il fondera le premier Orchestre symphonique de Montréal en 1894. Également compositeur, il a écrit l'oratorio *Jean le Précurseur* qui est son œuvre majeure.

L'AMÉRIQUE ET LE MONDE

1850

L'Angleterre de la reine Victoria est à son apogée dans la deuxième moitié du XIXᵉ siècle. Son industrie, son commerce et sa richesse en font la première nation du monde. Son régime politique, fondé sur les libertés publiques et le régime parlementaire, est souvent cité en exemple.

1851

France : coup d'État de Louis-Napoléon qui chasse l'Assemblée et organise son pouvoir personnel.
En Italie, Giuseppe Verdi donne son opéra *Rigoletto*.
À Londres, ouverture de la première Exposition universelle, où tous les États du monde sont invités à présenter les réalisations les plus modernes de leurs usines.

CASAVANT ET SON MILIEU	L'AMÉRIQUE ET LE MONDE
1852 Marie-Olive Casavant donne naissance à un deuxième fils qui mourra aussitôt. Livraison des orgues de Saint-André-de-Cornwall et de l'église Saint-Paul d'Aylmer en Ontario. Paul Letondal, pianiste et violoncelliste aveugle, s'établit au Canada. Futur membre fondateur de l'AMQ, l'Académie de musique de Québec, et de la *Revue canadienne*, il collaborera à la structuration de l'enseignement de la musique à l'institut Nazareth. Son fils Arthur fut également organiste et professeur.	**1852** Québec : fondation de l'Université Laval, première université canadienne-française et catholique. France : Louis-Napoléon rétablit l'Empire et prend le nom de Napoléon III.
1853 Retour définitif de la famille Casavant à Saint-Hyacinthe et naissance de Marie-Luce qui meurt une semaine plus tard.	**1853** Canada : fondation de la compagnie ferroviaire du Grand Tronc pour renforcer l'axe commercial est-ouest canadien.
1854 Construction de l'orgue de la cathédrale catholique de Kingston (Ontario).	**1854** Québec : abolition du régime seigneurial. États-Unis : formation du Parti républicain.

CASAVANT ET SON MILIEU

L'AMÉRIQUE ET LE MONDE

1855
Naissance de Joseph-Claver Casavant.
Octave Chatillon, organiste et violoniste, devient professeur de musique au collège Sainte-Thérèse. Il composera six messes, cinq cantates et d'autres œuvres variées.

1856
Commande pour l'orgue du séminaire de Saint-Hyacinthe.

1856
Ouest canadien: ruée vers l'or sur le fleuve Fraser.

1857
Canada: Ottawa remplace Montréal comme capitale du pays.

1858
Naissance de Marie-Sophie. Elle meurt trois jours plus tard. Orgue pour Saint-Pie-de-Bagot qui sera refait plus tard par les fils Casavant, mais dans lequel il y aurait encore des tuyaux d'origine.
Naissance d'Alexis Contant. Élève de Calixa Lavallée, il se consacrera à l'orgue, à la composition et à l'enseignement. Son studio sera fréquenté par Claude Champagne et Wilfrid Pelletier. L'oratorio *Caïn* est son œuvre majeure.

1858
Canada: les premières pièces de monnaie canadienne, frappées en Angleterre, sont mises en circulation.

CASAVANT ET SON MILIEU	L'AMÉRIQUE ET LE MONDE
1859	**1859**
Naissance de Samuel-Marie Casavant.	En France, Charles Gounod connaît la gloire avec son opéra *Faust* alors que Richard Wagner achève *Tristan et Isolde* à Venise.
Commande d'un orgue pour l'église de Sainte-Marie-de-Monnoir (Marieville), détruit dans un incendie en 1907.	
1860	**1860**
Orgue de Longueuil.	Italie : le roi piémontais, Victor-Emmanuel, son ministre Cavour et le général Garibaldi réussissent à unifier la péninsule à partir de 1860.
Casavant engage un nouvel apprenti, Eusèbe Brodeur.	
Invention de l'orgue tubulaire : l'air comprimé se rend au sommier par des tubes et actionne les soupapes et les tirages des jeux.	France : dès 1860, Napoléon III doit faire des concessions aux libéraux pour maintenir son autorité.
Invention de l'orgue électro-pneumatique, véritable révolution dans la facture d'orgues, dont Casavant Frères se fera le spécialiste.	

CASAVANT ET SON MILIEU

1861
La famille Casavant emménage
dans sa nouvelle maison près
de l'atelier. Elle fait partie
aujourd'hui des ateliers Casavant Frères.
Inauguration de l'orgue de
Saint-Jérôme.
Louis Mitchell ouvre, avec
Charles Forté, son atelier
d'orgues à Montréal.
Fondation de l'institut Naza-
reth, école mixte pour jeunes
aveugles, par les Sœurs grises à
Montréal.

1862
Fabrication d'un orgue pour
Belœil.

1863
Les anciens Canadiens, roman
de Philippe Aubert de Gaspé
qui a pour toile de fond la
guerre de la Conquête, fait
l'éloge des mœurs simples et
pittoresques de nos cam-
pagnes.

L'AMÉRIQUE ET LE MONDE

1861
États-Unis : guerre de Sécession.
Le président Abraham Lincoln
déclare la guerre aux États
confédérés du Sud, qui ont
décidé de sortir de l'Union
américaine. La cause officielle
de la sécession est le maintien
de l'esclavage.
Russie : le tsar Alexandre II
abolit le servage.
À Paris, les frères Ernest et
Pierre Michaux inventent le
vélocipède.

1862
Guerre de Sécession : bataille
de Gettysburg en Pennsylvanie
où le général sudiste Lee est
défait et arrêté dans sa conquête du Nord.

CASAVANT ET SON MILIEU

L'AMÉRIQUE ET LE MONDE

1864

Décès de Dominique Casavant, père de Joseph.

Ernest Gagnon, qui sera l'un des fondateurs de l'AMQ, est nommé organiste de la basilique de Québec. Également historien, il publie *Chansons populaires du Canada*, un ouvrage qui préserve de l'oubli le folklore canadien-français.

Naissance d'Achille Fortier. Il commencera ses études musicales au séminaire de Sainte-Thérèse et sera le premier Canadien à suivre des cours réguliers de composition au Conservatoire de Paris. Il a écrit une *Messe pour orgue et orchestre*.

1864

Canada : conférence de Québec. Les Pères de la Confédération, 33 représentants des différentes colonies anglaises, se réunissent à Québec pour discuter d'un projet de fédération canadienne, dans le but de stimuler le commerce et de se protéger de l'annexion aux États-Unis.

Guerres indiennes dans l'Ouest américain : l'expansion des Américains provoque de nombreux conflits avec les Amérindiens qui occupent le territoire depuis des années. Les modes de vie et les intérêts des deux groupes sont opposés.

1865

Fabrication d'un orgue pour L'Épiphanie.

Jules Hones, musicien belge, s'établit à Montréal. Il compose une messe chantée à l'église Notre-Dame. On lui doit des arrangements et harmonisations d'airs de folklore canadien et irlandais.

1865

États-Unis : fin de la guerre de Sécession et abolition de l'esclavage.

Abraham Lincoln est assassiné à Washington par un fanatique sudiste, John Wilkes Booth.

CASAVANT ET SON MILIEU

L'AMÉRIQUE ET LE MONDE

1866

Fabrication par Casavant des orgues de l'église de Saint-Jean-l'Évangéliste-de-Dorchester et de Saint-Polycarpe.

Joseph Casavant se retire des affaires, s'occupe de sa maison et de ses fils.

1866

Allemagne : le roi de Prusse Guillaume Ier et son chancelier, Bismarck, regroupent les États indépendants du Nord en une confédération. L'unité allemande sera achevée en 1870.

CASAVANT ET SON MILIEU	L'AMÉRIQUE ET LE MONDE

1867

Il est inscrit sur les orgues de Saint-Eustache (1867), de Baie-du-Fèvre (1872) et de Saint-Denis-sur-Richelieu qu'elles ont été produites exclusivement par Eusèbe Brodeur, mais en réalité elles ont été construites à l'atelier de Casavant.

Le musicien Frantz Jehin-Prume s'installe à Montréal après son mariage avec la cantatrice montréalaise Rosita del Vecchio. Ils jouent un rôle de premier plan dans le développement de la vie musicale de Montréal. Ils organisent et donnent de nombreux concerts.

L'organiste Romain-Octave Pelletier choque le clergé en exécutant des œuvres de Bach et de Mendelssohn, compositeurs protestants. Il inaugurera par la suite plusieurs instruments de Casavant Frères au Canada et aux États-Unis. Il a composé *Dix petits morceaux pour l'orgue.*

1867

Acte de l'Amérique du Nord britannique : création du Dominion du Canada qui divise le pays en quatre provinces : le Québec, l'Ontario, le Nouveau-Brunswick et la Nouvelle-Écosse. C'est une union fédérale, c'est-à-dire dirigée par un gouvernement central et des gouvernements provinciaux qui se partagent les pouvoirs.

John A. Macdonald, conservateur, devient premier ministre.

États-Unis : achat de l'Alaska aux Russes.

CASAVANT ET SON MILIEU

1868
Le curé Antoine Labelle entreprend la colonisation des Laurentides.

Mgr Bourget envoie un contingent de zouaves canadiens défendre le pape contre les patriotes italiens de Garibaldi.

Fondation de l'Académie de musique de Québec, l'AMQ, une institution sans but lucratif groupant des musiciens de différentes disciplines, dont le but est de promouvoir la musique et d'élever le niveau des études musicales.

1869
Affaire Guibord : les sacrements religieux et la sépulture sont refusés aux membres de l'Institut canadien, frappé d'interdit par Mgr Bourget. L'Institut canadien intente un procès à la paroisse Notre-Dame de Montréal qui refuse d'inhumer religieusement Joseph Guibord, l'un de ses membres. L'inhumation sera autorisée en 1874.

L'AMÉRIQUE ET LE MONDE

1868
Le Canada achète les Territoires du Nord-Ouest à la Compagnie de la baie d'Hudson.

1869
Ouverture solennelle du canal de Suez dont les travaux ont été supervisés par Ferdinand de Lesseps.

Joseph Casavant

CASAVANT ET SON MILIEU	L'AMÉRIQUE ET LE MONDE
	1870 Canada: le Manitoba devient une province. Aux États-Unis commence une ère industrielle et agricole phénoménale, l'ère des fortunes colossales. C'est aussi l'arrivée de millions d'immigrants qui vont adopter les mœurs et la mentalité américaines. Guerre franco-allemande: Napoléon III est fait prisonnier et Paris proclame la République.
1871 Décès de Marie-Olive Casavant.	**1871** Canada: création de la Colombie-Britannique. En Allemagne, Guillaume Ier est proclamé empereur. Paris: écrasement du gouvernement révolutionnaire de la Commune.
1873 Arthur Buies réunit en volume une cinquantaine de textes sous le titre de *Chroniques, humeurs et caprices* qui traitent de la ville de Québec, de récits de voyage et de questions d'actualité.	**1873** L'Île-du-Prince-Édouard entre dans la Confédération.

CASAVANT ET SON MILIEU

L'AMÉRIQUE ET LE MONDE

1874
Mort de Joseph Casavant. Il est spécifié dans son testament que le nom *Casavant* doit figurer sur les instruments fabriqués à l'atelier de Saint-Hyacinthe. Eusèbe Brodeur doit veiller à l'éducation de Samuel et de Claver avec l'argent de l'héritage.
Napoléon Déry, facteur d'orgues à Québec, inaugure son premier instrument à Saint-Roch-des-Aulnaies.

1875
Réforme scolaire : séparation complète du système d'enseignement selon la confession. La direction du comité catholique est confiée à l'Église.

1875
À Paris, représentation de l'opéra *Carmen* de Georges Bizet.

1876
Naissance d'Amédée Tremblay, organiste titulaire de la cathédrale Notre-Dame d'Ottawa de 1894 à 1920. Avec Alexis Contant, il sera un des rares organistes à acquérir une formation exclusivement canadienne. La *Suite de quatre pièces pour grand orgue* est son œuvre la plus connue.

1876
Graham Bell invente le téléphone.
La reine Victoria est proclamée impératrice des Indes.

CASAVANT ET SON MILIEU	L'AMÉRIQUE ET LE MONDE

1878

Samuel et Claver Casavant étudient en Europe le métier de facteurs d'orgues.

1878

Montréal : création du journal *The Gazette*.

1879

Les fils Casavant fondent *Casavant Frères* et supplantent l'entreprise d'Eusèbe Brodeur, qui mourra en 1913.

1879

États-Unis : Thomas Edison invente l'ampoule électrique et le phonographe.

1880

Calixa Lavallée, fils de l'organiste Augustin Lavallée, ami de Joseph Casavant, écrit la musique d'*Ô Canada* (paroles d'Adolphe-Basile Routhier) qui deviendra l'hymne national du Canada. Il est le plus illustre représentant de cette génération de pionniers qui ont travaillé à la promotion de la musique canadienne ; pourtant son œuvre demeure largement méconnue.

Léon Ringuet est nommé organiste à la cathédrale de Saint-Hyacinthe. Il a composé plus de cent pièces dont plusieurs pour orgue.

1880

Formation de la Canadian Pacific Railway Co. dans le but de construire un chemin de fer transcontinental, qui sera inauguré en 1886.

CASAVANT ET SON MILIEU	L'AMÉRIQUE ET LE MONDE

1929

En 50 ans d'existence, Casavant Frères a construit 1 355 instruments au Canada et aux États-Unis, dont celui de l'église Notre-Dame de Montréal en 1890 qui a assuré sa renommée.

Bâtie en 1861 par Joseph Casavant à Saint-Hyacinthe, la maison familiale fut habitée jusqu'au début du siècle, puis devint le centre administratif de Casavant Frères.

Éléments de bibliographie

AMTMANN, Willy, *La musique au Québec, 1600-1875*, Montréal, Éditions de l'Homme, 1976, 410 p.

BEDOS DE CELLES, François, *L'art du facteur d'orgues*, 3 t., 1766-1778.

BÉLAND, Mario *et al.*, *La peinture au Québec, 1820-1850; Nouveaux regards, nouvelles perspectives*, Québec, Les publications du Québec, 1991, 608 p.

CRAIG Brown (dir.), *Histoire générale du Canada*, Montréal, Boréal, 1988, 702 p.

D'AIGLE, Jeanne, *Histoire de Casavant Frères, facteurs d'orgues*, Saint-Hyacinthe, Éditions d'Aigle, 1989, 936 p.

DESSAULLES, Henriette, *Journal* (édition critique par Jean-Louis Major), Montréal, Presses de l'Université de Montréal, 1989, 671 p.

DUBOIS, Émile, *Souvenirs thérésiens*, Québec, L'action sociale, 1927, 435 p.

GENTILCORE, Louis (dir.), *Atlas historique du Canada*, vol. II, *La transformation du territoire*,

Montréal, Presses de l'Université de Montréal, 1993, 186 p.

KALLMAN, Helmut, Gilles POTVIN *et al.*, *Encyclopédie de la musique au Canada*, t. I, II, III, Montréal, Fides, 1993, 3 810 p.

LAPOINTE, Laurent, *Casavant Frères 1879-1979*, Saint-Hyacinthe, Société d'histoire régionale de Saint-Hyacinthe, 1979, 143 p.

SYLVAIN, Philippe et Nive VOISINE, *Histoire du catholicisme québécois*, vol. II, Montréal, Boréal, 1991, 507 p.

TRUDEL, Marcel, *L'influence de Voltaire au Canada*, t. I, Montréal, Fides, 1945.

L'auteur a également consulté le Fonds Jeanne d'Aigle, appartenant au séminaire de Saint-Hyacinthe, d'où il a tiré plusieurs documents d'archives reproduits dans le roman.

Table

*Cet ouvrage
composé en New Caledonia
corps 12,5 sur 16
a été achevé d'imprimer
le quatorze avril
mil neuf cent quatre-vingt-quinze
sur les presses de*

•L'IMPRIMEUR•

Cap-Saint-Ignace (Québec).